1961

iNQuÉRiTO NaCiONaL De aRQuiTeTURa

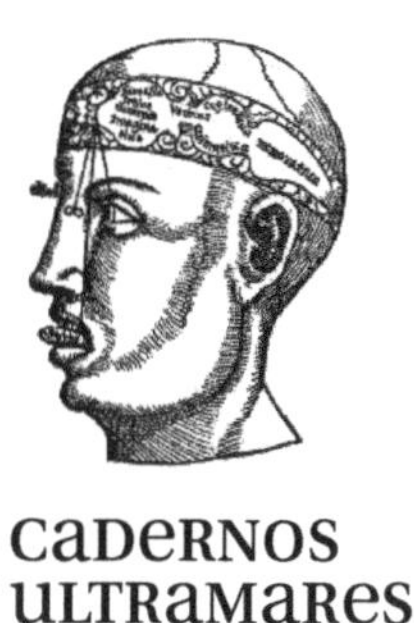

CaDERNOS
uLTRaMaRes

ORGANIZAÇÃO E PROJETO GRÁFICO

Marcos Lacerda, Ana Paula Simonaci e Sergio Cohn

CONSELHO EDITORIAL

André Botelho

Bernardo Esteves

Boaventura de Souza Santos

Evelyn Goyannes Dill Orrico

Fréderic Vanderberghe

José Luis Garcia

Maria João Cantinho

Renato Rezende

Teresa Arijón

Vagner Amaro

ISBN 9786586962888

azougue press |
coordenação geral Sergio Cohn
coordenação editorial
Sergio Cohn — Darien Lamen — Cristián Jiménez Plaza
Brasil | CNPJ 12.272.339/0001-26
Portugal | Oca Editorial NF 515805394
USA | E. Id. 803650511
Chile | Tucán Ediciones RUT 77.369.106-1

A proposta dos Cadernos Ultramares é transpor fronteiras. Não apenas geográficas, com a edição de um amplo panorama do pensamento brasileiro para o público português, mas também entre as áreas do saber, criando uma coleção transdisciplinar, acessível não apenas para leitores especializado, pesquisadores e acadêmicos, como para interessados em geral.

Para isto, os Cadernos Ultramares privilegiam a leveza do ensaio, a "brigada ligeira", utilizando-se de um gênero marcado pela abertura e experimentação, uma forma privilegiada para a proposição e a apresentação de interpretações da cultura e da sociedade. Nos últimos anos, o gênero ensaio tem sido revalorizado como um importante meio de diálogo entre a pesquisa acadêmica e a sociedade.

O Brasil possui uma produção riquíssima de pensamento em diversas áreas, que vão da física à antropologia, da matemática às artes. Os Cadernos Ultramares, ao trazerem importantes textos de alguns dos nossos mais renomados pensadores, sejam clássicos ou contemporâneos, busca possibilitar ao leitor um olhar amplo e qualificado sobre essa produção.

Interessa-nos a constituição de um diálogo entre áreas, de uma conversa aberta que escape das armadilhas do pensamento especializado e do produtivismo acadêmico. Interessa, antes de tudo, a valorização do encontro do leitor com o sabor do texto, do prazer da leitura e da troca livre de pensamento.

apResenTação

POR SeRGiO COHN

Em 28 de janeiro de 1961, o *Suplemento Dominical do Jornal do Brasil* (*SDJB*), editado por Reynaldo Jardim e considerado um dos mais importantes periódicos culturais já publicado no país, anunciou em sua capa:

O SDJB lançará, a partir de sua edição de 14 de fevereiro próximo, o Inquérito Nacional de Arquitetura, com que se pretende fazer o levantamento do pensamento dos arquitetos brasileiros sobre a situação de nossa arquitetura hoje, de suas relações com o contexto social do país, seus problemas, suas perspectivas e sua posição em face da arquitetura contemporânea.

Para levar a efeito esse empreendimento de inegável importância, neste momento, quando a arquitetura brasileira, através da construção de Brasília, se projeta de modo ainda mais acentuado no exterior e no interesse do público brasileiro de todos os pontos e de todas as camadas sociais, o SDJB selecionou, de uma lista de cinquenta arquitetos de todo o Brasil, vinte nomes entre os mais significativos, por sua obra realizada, por sua atuação no plano teórico ou pelo sentido e orientação do seu trabalho arquitetônico.

Não se trata apenas de uma seleção por mérito pessoal, uma vez que nossa escolha se orientou principalmente pelo propósito de dar uma visão completa e panorâmica da situação da arquitetura hoje.

O momento era realmente propício para o debate: com a inauguração da nova capital, concebida por Lúcio Costa e Oscar Niemeyer à convite do então presidente Juscelino Kubitschek, a questão da arquitetura e do urbanismo estava no centro das atenções não só no Brasil, mas também no exterior.

E não era só a arquitetura: o Brasil da virada dos anos 1960 era um país em intensa transformação, o que se refletia em movimentos culturais como a Bossa Nova, o Cinema Novo e as vanguardas tardias, tais como o Concretismo e o Neoconcretismo (que encontraram no mesmo *SDJB* seu espaço principal de debate e divulgação).

Para o Inquérito, o *SDJB* apresentou dez questões aos arquitetos convidados, elaboradas pelo poeta e crítico Ferreira Gullar e pelo arquiteto Alfredo Britto. Destas, selecionamos as cinco que consideramos mais representativas do debate e as principais respostas, em virtude da grande extensão do inquérito original, que impediria a reprodução integral num volume da coleção.

Quatro das questões selecionadas foram parcialmente reproduzidas na excelente revista *Arte em Revista*, editada por Otília Beatriz Fiori Arantes e Celso Fernando Favaretto em 1980. Na apresentação do texto, os editores justificaram: "Na impossibilidade de publicar todas as respostas, ativemo-nos às mais abrangentes e que pareciam configurar as posições mais representativas ou mais polêmicas". A estas questões, incluímos neste volume uma quinta, que nos pareceu também de alto interesse no debate.

Sobre a seleção das respostas, importante ressaltar que nem sempre os arquitetos convidados responderam a todas as perguntas, então há uma variação dos nomes em cada caso. Ao todo, reunimos textos de 18 arquitetos. Alguns grandes nomes convidados, como João Vilanova Artigas e Rino Levi, não responderam ao inquérito como um todo.

Os arquitetos participantes do presente volume, em uma ou mais questão, são os seguintes:

Gregori Warchavchik (Odessa, Rússia, 1896 — São Paulo, 1972). O grande introdutor da arquitetura moderna no Brasil, não apenas em suas obras, mas também nos escritos.

Lúcio Costa (Toulon-França, 1902 — Rio de Janeiro, 1998). Considerado um dos maiores arquitetos modernos, foi o criador, junto com Oscar Niemeyer, do Plano-Piloto da cidade de Brasília.

Edgar A. Graeff (Carazinho-RS, 1921 — Porto Alegre, 1990). Introdutor do modernismo na capital gaúcha, foi importante colaborador da revista Projeto.

Oscar Niemeyer (Rio de Janeiro, 1907-2012). Considerado o mais importante arquiteto brasileiro, projetou com Lúcio Costa a cidade de Brasília.

Sílvio de Vasconcellos (Belo Horizonte, 1916 — Washington-EUA, 1979). Um dos precursores da arquitetura moderna em Minas Gerais. Importante teórico do Barroco Mineiro.

Alberto Carlos da Silva Telles (Rio de Janeiro, 1923-2012). Professor de Arqutetura na UFRJ, teve importante trajetória no IPHAN.

José Cláudio Gomes (São Paulo, 1928-2015). Arquiteto e urbanista, foi coordenator do Grupo de Estudo Situ. Sérgio W. Bernardes (Rio de Janeiro, 1919-2002). Um dos maiores expoentes da segunda geração modernista brasileira.

Affonso Eduardo Reidy (Paris-França, 1909 — Rio de Janeiro, 1964). Importante nonme do urbanismo moderno no país.

Flávio M. Rego (Recife, 1925 — Rio de Janeiro, 2001). Arquiteto, artista e professor de Arquitetura e Urbanismo na UFRJ.

Marcos Konder Netto (Blumenau-SC, 1927). Arquiteto modernista, foi presidente do Instituto de Arquitetos do Brasil.

M. M. M. Roberto. Importante escritório mais importantes da arquitetura moderna brasileira, criado no Rio de Janeiro pelos irmãos Marcelo (1908-1964), Milton (1914-1953) e Maurício Roberto (1921-1996).

Marcos de Vasconcellos (Rio de Janeiro, 1934-1989). Arquiteto e escritor, com grande atuação no meio cultural carioca dos anos 1960.

Henrique E. Mindlin (São Paulo, 1911 — Rio de Janeiro, 1971). Arquiteto e urbanista, autor do livro "Arquitetura Moderna no Brasil".

Carlos M. Fayet (Domingos Martins-ES, 1930 — Porto Alegre, 2007). Arquiteto brasileiro, representante da terceira geração de arquitetos brasileiros.

Acácio Gil Borsoi (Rio de Janeiro, 1924 — São Paulo, 2009). Arquiteto e professor da Universidade Federal de Pernambuco, onde contribuiu para a difusão da arquitetura moderna no Nordeste.

Demétrio Ribeiro (Alegrete-RS, 1916 — Porto Alegre, 2003). Arquiteto e urbanista, um dos membros do Conselho do Plano Diretor de Porto Alegre.

João H. Rocha (Rio de Janeiro, 1923-2009). Arquiteto e urbanista, criou, em parceria com o arquiteto Nei Fontes Gonçalves e o engenheiro Boruch Millmam, o projeto que ficou em segundo lugar no Concurso Nacional Para o Plano-Piloto de Brasília.

Revisitar o Inquérito Nacional de Arquitetura, mais de 60 anos depois, é uma impressionante experiência. A qualidade e intensidade do debate de então, em torno da construção de um projeto de país que abordasse todas as dimensões socio-culturais, mostra o quanto se perdeu nas últimas décadas, especialmente por conta do terrível período da ditadura civil-militar, depois do golpe de 1964.

O Brasil está passando por um outro período de grande perda de direitos e conquistas sócio-culturais. Reestabelecer proposições de fundo, repensar projetos de país, é de grande importância para que possamos superar as dificuldades presentes. Esperamos que a leitura deste volume dos Cadernos Ultramares possa ser realizada não apenas como um documento de nossa história, mas como um combustível para a retomada de debates amplos e qualificados, que possam se desdobrar em ações concretas em prol da constituição de uma sociedade mais livre, diversa e justa.

QUESTÃO 1
QUAL A IMPORTÂNCIA DE BRASÍLIA NO DESENVOLVIMENTO DA ARQUITETURA BRASILEIRA?

Gregori Warchavchik:

A importância de Brasília só poderá ser um dia avaliada: quando houver a perspectiva para nos proporcionar uma avaliação suficiente da arquitetura escolhida e construída nessa área, onde o original foi colocado, ao que devemos acreditar, em relação a soluções originais para um terreno virgem. Qualquer tipo de arquitetura em Brasília levava essa espécie de selo local, de desbravamento, de realização como que fora do tempo e do espaço, onde nada fora ainda experimentado, e o arquiteto se encontrava diante de uma folha de papel em branco, para um terreno sem leis a não ser as suas, desrelacionado, portanto, com tudo o que se fizera no Brasil até então. Como imaginar a forma pela qual o que é original naquela arquitetura virá um dia incidir no desenvolvimento da arquitetura brasileira? A pergunta demandará tempo para poder ser respondida, pois a resposta não pode condicionar-se a um flagrante da cidade em construção.

Edgar A. Graeff:

Brasília constitui, a meu ver, a maior experiência arquitetônica moderna do mundo — e por isso considero-a como a coisa mais importante da arquitetura contemporânea. Nela estão cristalizados os maiores acertos e os maiores erros da arquitetura contemporânea brasileira — ela constitui, portanto, uma fonte extraordinária de conhecimentos. Os arquitetos brasileiros saberão, por certo, aproveitar suas lições, que não são lições de palavras, mas de fatos.

Oscar Niemeyer:

Acho que Brasília representa para o nosso país uma importância didática sem precedente, estabelecendo princípios e conceitos que até hoje não se tinham definido, situando, por exemplo, em seus devidos termos a habitação coletiva, que entre nós a exploração imobiliária desvirtua e desmoraliza, construindo prédios de apartamentos uns contra os outros, sem luz, ar e vegetação, desprovidos dos complementos (escolas, mercado, comércio, clube etc.), que a justificam e recomendam. Em Brasília temos, afinal, um exemplo realizado de habitação coletiva, onde os blocos se distribuem generosamente entre jardins, cercados de vegetação, constituindo uma unidade autônoma provida de todos os elementos indispensáveis. Isso sem falar nos princípios de urbanismo que o Plano de Lúcio Costa fixou: um planejamento lógico e humano, um zoneamento claro e definido, um sistema de circulação para pedestres e veículos independente e sem cruzamentos e, ainda, completa liberdade de concepção para os prédios isolados — que a arquitetura já realizada em Brasília sugere livre de escolas e preconceitos — liberdade que se restringe somente aos conjuntos urbanos, cujas conveniências de harmonia devem ser respeitadas. Conceito a meu ver fundamental e infelizmente até agora omitido em nosso meio.

Sílvio de Vasconcellos:

Brasília é um marco, um exemplo, uma experiência, uma tentativa honesta de caminhar para o futuro. É de se lamentar, apenas, que a esta experiência não tenha sido convocado um maior número de colaboradores para que a iniciativa pudesse traduzir a máxima capacidade nacional do momento. Ainda assim, por felicidade, Brasília foi realizada exatamente por aqueles que estão, indubitavelmente, à frente do movimento arquitetônico nacional, correspondendo, portanto, ao que de melhor ou mais avançado se podia tentar. Se a tentativa se impuser como válida, sua importância terá sido imensa. Se não, sua importância será aquela decorrente do testemunho histórico a que já aludiu Lúcio Costa.

Alberto Carlos da Silva Telles:

Brasília ofereceu ao arquiteto brasileiro oportunidade de, empregando sua técnica, sua arte, criar uma cidade, a capital de um país.

Oportunidade que oferecia todas as possibilidades a uma pesquisa capaz de selecionar, das experiências passadas, as melhores e que mais profundamente resolvessem os problemas impostos na criação de uma cidade. Porém, tal oportunidade oferecida, desafio à capacidade criadora e coordenadora do arquiteto brasileiro, perdeu-se pelo sentido essencialmente estético que se deu à nova cidade. Assim, a grande experiência que deveria ter servido de elemento para solidificar e amadurecer a arquitetura brasileira serviu apenas à pesquisa plástica e à construção de monumentos que, embora tenham propagado a arquitetura brasileira no mundo, nada trouxeram de verdadeiro à evolução de nossa arquitetura. Insistiu-se na pesquisa formal, procurando-se um belo conjunto de massas, como se o que importasse em uma cidade fosse seu aspecto. E mesmo esta pesquisa perde seu valor, tendo criado um símbolo nacional de exportação, quando atentamos ao fato de que tal símbolo permitiu uma vulgarização, um facilismo de repetição inconsequente.

E, em todo o trabalho em Brasília, encontramos apenas um aspecto positivo, em função da arquitetura, no fato de ter-se aí revelado, para o povo, a existência da profissão de arquiteto. Embora mesmo este ponto seja prejudicado pela existência de uma censura estética e pelo luxo com que foi criada a nova capital brasileira.

Assim, é de muito pouca validade o impulso dado por Brasília à arquitetura brasileira.

José Cláudio Gomes:

Pessoalmente entendo que uma arquitetura consoante com a realidade destes brasis deve ser *regional* — quanto mais regional, tanto mais universal. Tão diferenciada quanto possível, acusando ao máximo e com vigor as variações físicas, sociais e humanas. Hoje, no Brasil, se constrói no Amazonas como se estivéssemos nos Pampas. As diferenças locais devem ser fortemente acusadas e expressas com decisão. As escusas fundamentadas em premissas de que a técnica tudo permite fazer estão de fora do verdadeiro problema, pois há muito mais entre o céu e a terra do que o ar condicionado, as *curtain walls* ou as gaxetas de neoprene... Construir-se uma parede inteirinha de vidro no Planalto Goiano, é bonito, é bela mostra de virtuosismo técnico, mas é anti-natural. É uma aberração. E eu, pessoalmente, conforme sempre me ensinou o meu mestre, que era guardador de rebanhos, prefiro estar sempre bem com a natureza rapsódica — porque é bárbara a nossa realidade, aqui e agora. Só quem viu o entusiasmo coletivo que, como um sopro passava pelos candangos, até os mestres do risco em Brasília; só quem viu a febre e o fervor religiosos de rapsodos e pioneiros dos construtores de Brasília; só quem sentiu o palpitar de todo um povo em comunhão construindo a sua Capital nas lonjuras do sertão de Goiás poderá entender com clareza meridiana a contradição fundamental, dolorosa e dramática entre a epopéia bárbara de todo um povo e a artificialidade gélida dos esqueletos mortos, brilhantes, exatos e fantasmais das estruturas racionais. Contradição tanto mais dramática quando atentamos para a autenticidade do gesto rude e viril que executa o quê? Uma elegia exata em vidro e aço? Não.

A nossa arquitetura é bela. Mas tem a beleza do *rigor mortis*. É ainda aquele mesmo "galicismo a berrar nos desertos da América", de que nos falava o finado Mário de Andrade? Não.

Positivamente não é, esta que aí está, a arquitetura digna dos grandes espaços brasileiros, da grande natureza brasileira, dos grandes problemas brasileiros, das multidões que povoam estes diversos brasis. Não é esta, ainda não, a arquitetura que traga no seu bojo toda a complexidade da nossa maneira de construir, da nossa maneira de ser e de viver, de sentir e pensar o mundo. Não é ainda aquela arquitetura que acolha com simpatia a cor, a sombra e a penumbra da nossa luz, e o *nonchalance* do nosso povo.

Finalmente, a nossa arquitetura será uma arquitetura do espaço e não uma arquitetura no espaço. Brasília é uma arquitetura no espaço. É um jogo correto, sábio e magnífico de formas sob a luz, como queria o mestre franco-suíço.

Mas isto não é arquitetura! Isto é *dêcor*. Ou escultura monumental, na melhor das hipóteses. Arquitetura é este nosso dia a dia que se transforma com naturalidade em espaços, cheios, vazios, ritmos, luzes e sombras.

"...E nem creio, ademais, que no contexto geral do problema, seja esta censura mesma que deva ser questionada, mas, sim, aquela conceituação básica anterior de uma cidade autocrática para uma sociedade que tende para o democrático".

Neste sentido, a importância de Brasília reside na sua própria contradição fundamental; ela recoloca de maneira dramática a crise universal do racionalismo como sistema e como método de conhecimento do real.

O nosso querido *Hebermeister* Lúcio Costa nos informa que "apenas se desvencilhou de uma solução", e de uma solução "que surgiu, por assim dizer, já pronta" garantindo, ainda, que, apesar de sua espontaneidade, foi ela no entanto, posteriormente, "intensamente pensada e resolvida".

Sem dúvida, a palavra do autor merece todo o nosso apreço e acatamento e tem o seu valor relativo no esclarecimento de pontos porventura obscuros na gênese do seu plano-piloto. Mas trata-se, todos nós o sabemos, de um valor altamente precário. E nem nos esqueçamos de que, depois que este português de gênio que se chamou Fernando Pessoa recolocou o problema da sinceridade em arte, toda a verbalização sobre arte deixou de ter sentido como esclarecimento da própria arte. E como o problema de Brasília é o problema de seu autor (pelo menos esta é uma das inumeráveis maneiras de se abordar o problema) eis aí reinstalada, já agora sob diferentes roupagens, a velha luta dual entre o que sentiu o seu autor e aquilo que pensou o seu autor. Vemos, aqui, superiormente refletida, e de maneira cristalina, esta contradição interna fundamental, ao afirmar-se, por um lado, ter sido a obra concebida "com certa dignidade e nobreza de intenção" e ao negar-se, pelo outro, qualquer acolhida à expressão das legítimas forças vivas da cultura nacional nos seus diversos setores. É uma cidade cujo autor quis como um "sonho arqui-secular do Patriarca" e que, para realizá-lo, convoca o poder da polícia.

Todavia, se Brasília pode ser considerada no contexto da cultura em que ela se insere e no âmbito das relações com o seu criador (e a meu ver esta é a mais legítima maneira de considerá-la) pode ela, no entanto, ser igualmente considerada sob diversos outros pontos-de-vista. Por exemplo, sob o ponto-de-vista da integração nacional, sob o ponto-de-vista político, sob o ponto-de-vista da "arquitetura e dos profissionais da arquitetura", sob o ponto-de-vista de investimento econômico etc.

Que estes diversos *approachs* ao problema estão intimamente interligados não é necessário dizê-lo. Entretanto, por motivos puramente de circunstância, interessa-me sobremodo analisar a nova Capital em conexão com o *status* do arquiteto brasileiro enquanto membro de uma corporação profissional. Como é fácil de ver, tendo em vista as circunstâncias e condições que cercaram a construção da nova Capital, a sua arquitetura e o seu urbanismo foram, por si sós, os maiores elementos de promoção publicitária (bem como de outras promoções) do empreendimento global. Mas aqui ocorre perguntar: por que, em toda a vasta problemática surgida por ocasião da construção de Brasília, se escolhe tão constantemente a sua arquitetura ou seu urbanismo como tema de debate? Por que não se tem explorado, por exemplo, para efeitos publicitários, os temas, respeitáveis por sinal, da integração nacional ou da marcha para o Oeste ou outros que tais?

Vê-se logo que de todas as possíveis maneiras de se encarar a nova Capital, e ainda para efeitos puramente promocionais, havia uma que se sobrepujava claramente às demais justamente por ser a mais visível fisicamente: a sua arquitetura e o seu urbanismo, que eram (ou deveriam ser) a síntese física e palpável de todas aquelas diversas possíveis maneiras de promover-se o empreendimento Brasília. Volta aqui novamente, e em primeiro plano, a importância fundamental do arquitetar como formalização física objetiva das forças que operam na cultura. Para o arquiteto, membro de uma instituição profissional, é este um fato novo: pela primeira vez na história da arquitetura nacional se constrói uma cidade ex-novo e se convoca esta arquitetura para dar forma e corpo a este urbanismo. Até então, tínhamos uns tímidos ensaios de composição em escala urbana. Tínhamos alguns poucos exemplos que, se já não eram edifícios isolados, também ainda não eram composições urbanas. Com Brasília surge, no entanto, a primeira oportunidade de a arquitetura nacional, expressando-se através dos nossos mais altos valores, compor-se livremente e em escala urbana já agora não mais como decorrência dela mas como formadora, como plasmadora do próprio espaço urbano.

Não terá mais sentido, depois de Brasília, ignorar-se o arquiteto no Brasil como o profissional que, entre vários outros, mais próximo se acha da grande síntese do conhecimento, vizinho portanto da liderança autêntica e legítima do conjunto de especialistas que forem convocados para a solução dos grandes problemas do interesse nacional. Porque ele é agora, e principalmente agora, o mais capaz, pela sua própria formação e experiência na abordagem e na compreensão do problema total. Este me parece o fator mais positivo de Brasília no desenvolvimento da arquitetura brasileira: ela inaugura o urbanismo brasileiro.

Sérgio W. Bernardes:

Não se pode ter arquitetura sem arquitetos.

Não se pode ter arquitetura brasileira, ou qualquer outra, sem que exista o espírito de arquiteto, manifestado na sua plenitude em Brasília. Brasília é uma cidade puramente administrativa e, portanto, de características inteiramente especiais, sem o cunho regionalista que se deve preconizar para outros planejamentos. O seu planejamento arquitetônico, a cargo de um gênio como Oscar Niemeyer, com uma personalidade ímpar, veio mais uma vez lançar ao mundo a maior promoção que a arquitetura brasileira já teve no exterior, após Pampulha. Visados como estamos, através da chance dada a Oscar, nós, arquitetos, temos a alta responsabilidade de continuarmos a nos reafirmar cada vez mais, num sentido mais profundo, cada um dentro de sua própria personalidade.

A primeira grande contribuição à arquitetura consiste em: espírito, abnegação e tenacidade. A segunda contribuição pode ser encontrada no alto nível estético da arquitetura.

A terceira contribuição se resume em tudo aquilo que deu certo e errado, no maior laboratório de pesquisas arquitetônicas do mundo, para que os erros possam contribuir para a formação de nossa maturidade profissional.

A quarta contribuição foi, a meu ver, a aceleração no desenvolvimento industrial, aplicado à indústria de construção civil. Por fim, a quinta contribuição está no grande equilíbrio do urbanismo e da arquitetura, num todo um ressaltando a outra.

QUESTÃO 2

QUE PENSA DAS CORRENTES ORGANICISTA E RACIONALISTA COMO TENDÊNCIAS DE ARQUITETURA CONTEMPORÂNEA? QUAIS SUAS RELAÇÕES COM A REALIDADE BRASILEIRA?

Oscar Niemeyer:

Em resposta a esta pergunta, Oscar Niemeyer transcreveu seu artigo "Forma e função na arquitetura", no qual, segundo suas próprias palavras, expressa sua "repulsa a todas as tendências e escolas que limitam e empobrecem as características criadoras que a arquitetura como obra de arte deve apresentar", (N.R.)

Affonso Reidy:

Duas correntes doutrinárias disputam presentemente a liderança da arquitetura contemporânea, procurando influir nos seus destinos. Le Corbusier e F. L. Wright são apontados como os expoentes máximos, respectivamente, das correntes ditas funcionalista e orgânica. Ambas se baseiam no tema do plano livre, isto é, aquele onde as paredes, libertadas da sua antiga função estrutural de apoio, transformaram-se em simples elementos de vedação, livremente dispostos. Placas, geralmente de pouca espessura, planas, curvas ou onduladas, de materiais da mais variada natureza, definem o espaço interior, dando-lhe um sentido dinâmico de continuidade, em lugar de confiná-lo dentro dos limites de compartimentos estanques. O emprego de grandes superfícies envidraçadas confunde interior e exterior, e a natureza se integra ao espaço interior.

Na chamada arquitetura funcional, o plano desenvolve-se livremente, mas dentro de uma estrutura modulada ou ritmicamente ordenada. O espaço é contido num volume arquitetônico disciplinador, que não será, todavia, necessariamente, uma forma geométrica elementar. Já para os adeptos do movimento orgânico, o espaço interior transcende o volume arquitetônico.

Partindo de um núcleo central, projeta-se em todas as direções, sem qualquer contenção, num ostensivo gesto de libertação do que eles chamam o "rigor disciplinador do racionalismo". O movimento orgânico não estabeleceu raízes entre nós, não obstante o entusiasmo de alguns jovens arquitetos, provocado pela recente visita do brilhante crítico italiano Bruno Zevi, principal arauto do movimento que vem sendo difundido, nesses dez anos, na Europa, e que tem, talvez, o seu maior número de adeptos na Itália.

A maior parte das realizações dos arquitetos brasileiros, diríamos melhor, a sua quase totalidade, tem muito mais pontos de contato com a corrente dita funcional. Esta designação, entretanto, para referir-se à arquitetura contemporânea que não participa do movimento orgânico é, a nosso ver, imprópria e está superada. Teve a sua razão de ser no período heróico, quando foi necessário opor ao academismo então reinante uma doutrina que correspondesse a imediatas exigências surgidas após a renovação industrial. Para derrubar os dogmas da academia e romper a estagnação que ela mantinha, foi preciso apelar para o racionalismo, tendo sido o vocábulo funcional usado como palavra de combate no decorrer da campanha.

Dessa época é a célebre definição de Le Corbusier, "la maison est une machine a habiter". É certo que o simples fato de uma construção atender a finalidades puramente funcionais não é condição suficiente para que mereça a designação de obra de arquitetura. Entretanto, não se pode dissociar da arquitetura o seu aspecto utilitário, aquele que lhe deu, inclusive, motivação. A arquitetura não pode ser considerada, apenas, como uma grande escultura vazada. O seu ajustamento ao fim a que se destina não lhe tira, de forma alguma, a sua condição de ser essencial e fundamentalmente obra de arte. Mas o que realmente melhor a define e a caracteriza é a sua concepção espacial.

Gregori Warchavchik:

Há um excesso de designações e uma certa impropriedade, em meu modo de ver: organizar o espaço corresponde a racionalizar formas em função de determinado fim. A arquitetura não corresponde em seu produto a um organismo — esta palavra mesmo analogicamente não cabe, porque a arquitetura não cria organismos e órgãos no sentido vivo, mas no sentido funcional. Não era orgânica a pirâmide; estratificada a sua construção, ela preenchia funções, não se desenvolvia como uma planta ou um animal. O racionalista, da pergunta, não implica, por seu lado, todo o funcionalismo. E é preciso ver que o funcionalismo não constitui corrente, mas um dos valores da boa arquitetura.

Por outro lado, relações de tendências (admitamos para responder os termos organicista e racionalista), "com a realidade brasileira", é ainda mais vago, dado que não temos uma, mas várias realidades brasileiras, porque estas correspondem, para uma técnica de tanta mobilidade conceptiva e construtiva como é a arquitetura, à variedade imensa de terrenos, de localização, de atmosfera, de latitude e de altitude, que se encontra no vasto panorama do Brasil. Não existe uma, mas muitas realidades brasileiras, em que o funcionalismo deverá estabelecer relações decorrentes da pesquisa local.

Edgar A. Graeff:

Penso que as correntes acorrentam e, por isso mesmo, devem ser rompidas. O maior problema de um arquiteto consiste no seu encontro consigo mesmo. Neste encontro reside sua autenticidade; fora dele estão os maneirismos. É preciso que cada um promova sua auto-descoberta, o que não é feito com o palavrório, as regras e os princípios que definem as correntes, mas através da ação. Através da experiência vivida, que conduz à plena consciência das funções e ao domínio das matérias, das técnicas, dos recursos todos da edificação. Através dessa ação que, vencidas as resistências dos instrumentos, passa a refletir, cada vez com maior nitidez, a própria personalidade do arquiteto — até que um dia ele possa encontrar-se na sua obra. A construção desse encontro é realizada com a matéria da experiência, do erro, das dúvidas e da reflexão. E nenhuma corrente oferece mais que a verdade numa fórmula, na qual se encontra a tranquilidade definitiva e estéril dos cemitérios.

Penso, em síntese, que as correntes organicista e racionalista, como quaisquer outras, são estreitas e sectárias, não representando tendências de arquitetura em ação. Constituem, na melhor hipótese, simples elucubrações teóricas, em abstrato, que, voluntária ou involuntariamente, lançam alicerces de novos academismos.

Sérgio W. Bernardes:

O que representa valores constantes na arquitetura é o bom senso, o lado prático, o sentido humano, a integração ao meio ambiente, aliados a uma boa técnica, dentro da personalidade de cada arquiteto. As nomenclaturas organicista, racionalista, ou qualquer outra, depentem basicamente desses fatores e são acomodações profissionais de cada arquiteto dentro das influências ou limitações por que esteja passando.

QUESTÃO 3

A PAR DE SUA EXPRESSÃO FORMAL, TEVE A ARQUITETURA CONTEMPORÂNEA BRASILEIRA UM DESENVOLVIMENTO EQUIVALENTE NAS INVESTIGAÇÕES DAS DEMAIS COMPONENTES ARQUITETÔNICAS — SOLUÇÕES FUNCIONAIS, ESTRUTURAIS E CONTRUTIVAS?

Gregori Warchavchik:

A pergunta parte de um pensamento já em si acabado, a saber que a arquitetura brasileira contemporânea possui uma expressão formal, o que considero vago, se não se estabelecer uma relação sobre os valores desta expressão. Existe o funcional desde o passado, nas casas-grandes das fazendas brasileiras, como também existem o estrutural e o construtivo. Na arquitetura brasileira contemporânea nem sempre há uma adequação entre o formal e os demais componentes. Soluções funcionais, estruturais e construtivas são quase sempre produzidas numa boa forma. Teoricamente, a estrita adaptação formal à finalidade funcional deve produzir a boa forma, em qualquer arquitetura. Sem especificar os casos em que haja expressão formal representativa do que a pergunta estabelece como arquitetura contemporânea brasileira, ficará difícil responder-se se houve num ou noutro caso um desenvolvimento equivalente.

Edgar A. Graeff:

Penso que a expressão formal reflete, necessariamente, as soluções funcionais, sob o condicionamento das soluções construtivas. E não creio que, na arquitetura brasileira, as coisas ocorram de outra maneira. Mas, se por investigação devemos entender estudo de problemas, acredito que o movimento arquitetônico brasileiro manca no estudo da função. Considerando o nível da economia nacional, dispomos de bons instrumentos (técnica, materiais etc.), mas nem sempre sabemos o que fazer com eles. Em outras palavras: não costumamos descer a fundo no estudo e no equacionamento dos problemas funcionais. Não são maiores as nossas preocupações com as circustâncias da existência brasileira; não se definiu, ainda, em nosso meio, um pensamento filosófico voltado para os problemas do homem brasileiro, concernentes à arquitetura.

Salvo raras exceções, nosso pensamento funciona como espelho, a refletir atitudes e problemas europeus e norte-americanos. Tal alienação impede-nos de conceituar a função em termos de realidade brasileira. E essa insuficiência prejudica, evidentemente, a qualidade das soluções funcionais. E se estão prejudicadas, já não interessa saber das qualidades das soluções construtivas: de qualquer forma, serão frustradas nos seus fins.

Oscar Niemeyer:

A arquitetura brasileira evoluiu em função do progresso técnico, social e material do nosso país. Sua forma plástica decorre desses fatores e, principalmente, da utilização do concreto armado, que lhe permite e sugere maiores possibilidades.

Sérgio W. Bernardes:

Analisando as componentes arquitetônicas, soluções funcionais, estruturais e construtivas, podemos avaliar a complexidade e as sutilezas que envolvem um planejamento arquitetônico.

Que vem a ser soluções funcionais? A coordenação do progresso em todos os sentidos, para uma determinada época, para uma determinada região, para um determinado povo. Uma solução funcional depende da análise de uma série de fatores como sejam: pesquisa do programa, pesquisa econômica, planejamento em todos os setores.

As soluções estruturais, por sua vez, dependem da pesquisa do sistema estrutural quanto à utilização do material adequado a cada caso, se concreto, ferro, madeira, pedra, tijolo: se pré-fabricada ou não, e de interligação ao meio ambiente e ao planejamento arquitetônico. Quanto às soluções construtivas, vem como conclusão das soluções funcionais e estruturais.

Se considerarmos que uma das principais indústrias do país é a da construção civil, chegamos à conclusão de que o nível médio da arquitetura contemporânea brasileira é muito baixo.

Os bons exemplos são esparsos em relação ao número de construções realizadas. A expressão formal dessa arquitetura fica consequentemente prejudicada pela ausência da conjugação com as demais componentes arquitetônicas.

Flávio M. Rego:

Este arquiteto uniu, numa só, a resposta a esta pergunta à de n° 1, sobre Brasília. (N.R.)

O nosso meio social pobre, deformante (vivíamos a época de uma ditadura com todas as deformações que lhe são inerentes), culturalmente insuficiente e com uma industrialização apenas iniciante, limitando as possibilidades de solicitação ao imediatismo e improvisação;

A necessidade de contrapor ao ecletismo e confusão dos vários estilos e improvisações arquitetônicas reinantes, uma nova forma que fosse capaz de se impor pela ordem racional e uniformidade plástica;

A forte personalidade das soluções de Le Corbusier, apresentadas pelo próprio arquiteto, diretamente na prancheta de desenho, marcando, inicialmente, de uma maneira muito forte, a organização da linguagem arquitetônica brasileira; (seguimos sempre a fórmula plástica encontrada por Corbusier para organizar as técnicas e materiais, com base na racionalização e esquematização dos programas, apresentada através de princípios apenas lógicos e oriundos mais de influências da pintura que da arquitetura e que procuram antes encontrar uma ordem formal como solução estética idealizada, que a ordem orgânica no formar, particular a cada programa específico. Os cinco princípios corbusianos — "1. A coluna livre ao nível do solo; 2. A independência do esqueleto e do muro; 3. A planta livre; 4. A fachada livre; 5. O terraço-jardim" — visam aproveitar as experiência plásticas cubistas ou abstracionistas de Malevitch, Van Doesburg, Mondrian e outros, no sentido de encontrar uma ordem plástica meramente formal, ficando a utilização vivencial limitada às possibilidades permitidas pela conjugação daqueles cinco princípios.

Pondo em harmonia os cinco princípios básicos, foi encontrada a caixa sobre colunas, com as paredes laterais fechadas, composição mondrianesca das fachadas, conduzida por rígida modulação, volumes contidos em sólidos geométricos simples que permitissem a conjugação por justaposição ou ligações neutras, tudo isso exigindo uma permanente submissão do interior útil à rigidez das fórmulas utilizadas e tendo em vista a exaltação plástica);

Tudo isso, somado ao talento plástico de alguns arquitetos, que cedo conseguiram para o Brasil uma sólida afirmação internacional, nos conduziu, naturalmente, para uma pesquisa com prioridade plástica exagerada, que monopolizou a preocupação dos arquitetos brasileiros, deixando num plano de dependência às vezes absoluta, todo o conteúdo humano-vivencial da arquitetura, submetida a processos de adaptação racionalizada, onde o homem real, que vive dentro de um plano de espontaneidade comum, quase nunca consegue se identificar, permanecendo impotente, numa infeliz e intelectualizada alienação.

Gradativamente, todo o conteúdo humanístico necessário à criação de qualquer obra de arquitetura foi perdendo a sua presença durante o ato de projetar, liberando para o campo da afirmação plástica todas as facilidades de criação permitidas pelo alheamento de qualquer restrição à plena liberdade formal, possibilitando a aceitação racionalizada de aberrações da adaptação vivencial e deformações da utilização da técnica, em favor da conquista de uma beleza plástica às vezes invulgar, mas de onde o homem foi subtraído como realidade, permanecendo como um intruso que só atrapalha, prejudicando com sua ignorância a perfeição da composição e aborrecendo, com suas reclamações a-estéticas e a-intelectuais.

Dentro deste esquema de prioridade plástica quase absoluta, as pesquisas de caráter construtivo, estrutural e funcional só se desenvolveram nos limites em que elas puderam auxiliar o ato plástico, havendo, aliás, neste sentido, em alguns setores, forçado e acelerado a evolução do meio, como é o caso da utilização do concreto armado em caráter unitário e artesanal, ficando abandonadas no entanto, pesquisas de padronização ou pré-fabricação, de menos alcance dentro do nosso tipo de casas.

Pesquisas que permitissem a utilização da linguagem formal, possa afinal o arquiteto brasileiro aplicar-se ao problema do homem particular e coletivo no ato de viver, e assim caminhar para uma Arquitetura Integral.

Não nos cabe, nem nos é possível, arquitetos que aprendemos e nos afirmamos com uma arquitetura que nos precedeu, julgar ou imaginar quais poderiam ter sido os outros caminhos para o seu desenvolvimento. Tudo se passou como foi e como poderia ter sido. Talvez mesmo aproveitando toda a experiência realizada e andando por outros caminhos, não alcancemos o nível que Brasília atingiu dentro de suas características. Entretanto podemos perguntar-nos — dentro do sentido de sanidade, humanismo e respeito vivencial, que creio ser necessário para tratar com a coletividade:

Devemos ou sequer podemos continuar na mesma linha, agora que já nos afirmamos suficientemente, que já temos os olhos abertos?

Não teremos já atravessado ou esgotado o ciclo de afirmação apenas plástica?

Podemos continuar a caçar apenas a beleza, em detrimento do homem que habita?

Não estaremos já liberados para uma pesquisa mais ampla, agora que a nossa industrialização completando-se nos permitiu uma utilização técnica e construtiva com possibilidades mais vastas?

Não teremos já sedimentadas as possibilidades de conseguir criar beleza, para que os arquitetos confiem em si e possam então deixá-la surgir espontânea e autêntica, embora fixando as suas preocupações nas soluções dos problemas do homem?

Não poderei responder a essas perguntas, mas quando me encontro diante de um problema de Arquitetura, não consigo impedir que elas apareçam, e mesmo que eu tentasse evitar a sua ação, elas já teriam estado presentes. O certo ou o errado, o historicamente válido, anacrônico ou avançado, é relativo e discutível. Sei, apenas, que tudo isto é real porque se passa com quase todos os arquitetos de minha geração, cada qual perguntando à sua maneira. Temos um duplo dever de lealdade para com a Arquitetura Brasileira: — Em sendo Brasileira, pelas características básicas e nível que ela já conquistou; — E, em sendo simples e profundamente Arquitetura.

Enquanto respeitarmos essa dupla maneira de encarar, teremos sempre uma Arquitetura Brasileira.

Sílvio de Vasconcellos:

Inicialmente convirá observar que, na realidade, a expressão formal da arquitetura contemporânea brasileira não alcançou de fato a importância exagerada que frequentemente lhe é conferida. Isso porque essa expressão geralmente se limita a pormenores de acabamento ou de estrutura ou a máscaras exteriores sem integrar-se na obra propriamente dita.

Vestíbulos de edifícios, estabelecimentos comerciais, decoração, revestimentos, apoios, enfaticamente realizados, singularizando a construção, mas que, na verdade, não encontram correspondência de apuro com os demais elementos, com o conjunto ou condições da obra.

A expressão formal de nossa arquitetura permanece também muito apegada à originalidade, para não dizer mesmo ao *épater*, e não à verdade arquitetônica, indispensável mesmo nas inovações. Por outro lado, comporta-se muitas vezes, essa expressão, como um deslumbramento ante a técnica, desejo quase infantil de abusar dela, buscando-lhe as últimas consequências, como se o possível devesse prevalecer sobre o conveniente. Inúmeros são os exemplos de prédios, externamente modulados, com apoios simetricamente distribuídos, mas cuja estrutura nada tem a ver com a aparente lógica construtiva.

Inúmeros são os exemplos de suportes que não suportam nada e de ousadias cujo interesse se restringe exclusivamente à mesma ousadia. Convirá apenas esclarecer que, por arquitetura contemporânea brasileira, se entende a generalidade e não os exemplares excepcionais que, por sua própria excepcionalidade, não podem ser invocados como representativos da construção nacional.

Conclui-se então que, apesar de tudo, não se pode partir da preliminar de que a expressão formal de nossa arquitetura tenha atingido um desenvolvimento considerável, fazendo supor que as demais condições arquitetônicas não a tenham acompanhado *pari-passu*. Naturalmente rompe-se com o formalismo acadêmico e com as tentativas pseudo-estilísticas. Formas adequadas ao nosso tempo estão sendo tentadas e provadas como válidas. Entretanto, o desenvolvimento equivalente dos demais componentes arquitetônicos vem se apresentando no Brasil, se não de forma mais acentuada, pelo menos mais importante do que a expressão formal. As alterações dos partidos em planta, sejam das residências ou dos locais de trabalho, criando a comunidade doméstica, impossível no formalismo acadêmico — as salas de estar, a eliminação das peças vedadas ao uso familiar, a higienização dos cômodos pela sua melhor ventilação, iluminação e aeração, as cozinhas tecnicamente planejadas, os pátios internos, os móveis, os espaços flexíveis etc. — constituem por certo inovações do desenvolvimento arquitetônico tão valiosas, ou mais, do que as conquistas formais. Mesmo porque servem diretamente às necessidades vitais do homem e não apenas ao seu prazer contemplativo, embora seja este também de importância.

De outro lado, o aparecimento da arquitetura social, incorporando às suas preocupações problemas cruciantes da população, e as tentativas experimentais de aperfeiçoamento da técnica para maior durabilidade e economia das construções, apresentam-se também como fatores positivos, dignos de nota da arquitetura contemporânea brasileira. E especialmente dela, porque na maioria dos países civilizados do mundo, de há muito, este desenvolvimento vinha se processando, só surgindo, no Brasil, trazido pelos ventos da nova arquitetura.

Marcos Konder Netto:

Antes de passarmos a responder ao questionário, gostaríamos de discutir brevemente o alcance da expressão "Arquitetura Contemporânea Brasileira", uma vez que a formulação da maioria das perguntas que se seguem é feita em função da premissa de que existe um movimento arquitetônico brasileiro, perfeitamente definido e mesmo cristalizado como estilo.

Não cremos que assim o seja.

Todos sabem que no Brasil, infelizmente, o que se tem feito em matéria de boa arquitetura, até o presente momento, é muito pouco em relação ao volume construído, tendo sido fruto do trabalho de um grupo muito restrito de profissionais de talento. Essa simples constatação seria suficiente para negar a existência de um movimento arquitetônico que fosse a expressão de uma realidade nacional plena.

Por outro lado, cremos que vinte anos de atividade profissional esparsa de uns poucos arquitetos talentosos e circunscrita a alguns grandes centros não dão para justificar a existência de uma escola arquitetônica brasileira definitiva. Acresce ainda a circunstância de que a maior parte da arquitetura moderna feita em nosso país pouco ou nada difere daquela realizada na Europa e Estados Unidos no mesmo período, posto que se baseia nos mesmos postulados e princípios estéticos. Na realidade, essa consciência da existência de uma arquitetura brasileira contemporânea, como expressão autônoma do movimento arquitetônico internacional, nos foi ou tornada pela crítica estrangeira. E isso explica-se. A arquitetura moderna feita no Brasil por um grupo pequeno de profissionais de valor, tendo-se baseado principalmente no conceito corbusiano de que "a arquitetura é o jogo correto das formas sob a luz" — conceituação aliás perfeitamente discutível sob o prisma estritamente arquitetônico — gerou uma tendência à exacerbação formalista, que em casos específicos de um ou dois arquitetos ganhou características de um plasticismo-cenográfico de efeitos realmente surpreendentes. Essa desinibição formal produziu, por seu aspecto inusitado (talvez um certo exotismo) e também por partir de país geralmente tido como terra de índios e cobras, um impacto extraordinário no meio cultural europeu, imobilizado durante um certo período em suas pesquisas arquitetônicas pela guerra e outros fatores psicológicos e sociais, como, por exemplo, um excessivo apego às tradições, lá realmente ponderáveis. O louvor quase unânime de grande parte da crítica estrangeira originou no Brasil um sentimento de ufanismo arquitetônico, necessário, não resta a menor dúvida, à nossa auto-afirmação como país, numa fase em que ainda sofríamos do complexo de inferioridade cultural, resultante de nosso atraso econômico e social. Apegamo-nos com unhas e dentes a esse sucesso momentâneo de nossa arquitetura (as críticas já começaram a se fazer sentir ultimamente), o que nos levou, no plano interno, a repudiar liminarmente qualquer atitude de dúvida ou crítica, mesmo quando movida por sadios propósitos de pesquisa e buscando uma dinâmica para o nosso movimento arquitetônico. Cremos que isto foi um grande mal, que precisa ser urgentemente sanado.

Hoje em dia, quando o Brasil já atinge um estágio de maturidade política, econômica e social, e quando já passamos a ser respeitados no exterior como nação autônoma e progressista, não mais se justifica uma atitude do tipo avestruz em nosso meio arquitetônico. Já podemos, e devemos mesmo, nos dar ao luxo de uma discussão franca de nossas inquietações profissionais, sem temor de que isto possa prejudicar nosso renome no exterior ou venha a enfraquecer nossa posição cultural. E a primeira medida que se impõe é a de acabar com o tabu da arquitetura contemporânea brasileira, até agora considerada intocável, por ser um dos carros-chefe de nossa propaganda externa no setor cultural. Estamos vivendo atualmente no Brasil um momento de grandes transformações de âmbito geral que fatalmente irão influir em nosso conceito arquitetônico, fazendo com que este evolua e até mesmo se modifique radicalmente. Só o futuro poderá assinalar com justeza qual o pensamento arquitetônico mais identificado com a realidade vivencial de nossa época, ou seja, a genuína arquitetura brasileira do período que atravessamos. Enquanto isso, tratemos de não aceitar docilmente qualquer tipo de dogma, adotando uma atitude aberta à pesquisa e consequente progresso cultural.

Em primeiro lugar, é imprescindível debater a validade, em termos arquitetônicos, do conceito de expressão formal como uma finalidade em si mesma. Segundo nos parece, a assim chamada expressão formal em arquitetura, não deve ser encarada como uma entidade desarticulada do todo, antecedendo ou sobrepondo-se a este. Não acreditamos que a uma infra-estrutura funcional-construtiva corresponda, por decorrência e como fenômeno *a posteriori*, uma superestrutura formal equivalente, por um processo mecânico de agregação. Assim como repudiamos qualquer ideia de uma forma apriorística, enchida por assim dizer, com o binômio função-estrutura. Estamos certos de que forma-função-estrutura devem constituir um organismo harmônico, indissolúvel e indissecável, totalmente inter-relacionado nas partes e no todo. Portanto, a pergunta formulada, reconhecendo, implicitamente e com inteira razão, a existência de uma dissociação básica entre a expressão formal da arquitetura brasileira contemporânea e o restante de suas componentes e de acordo com o que foi dito acima, reconhece também a relativa validade do nosso movimento arquitetônico moderno, tal como está estruturado, com o que concordamos plenamente. Isto não quer dizer que deixamos de reconhecer sua qualidade plástica, aliás evidente, mas até aí não estamos no domínio específico da arquitetura.

Vejamos agora por que a arquitetura contemporânea brasileira tem como componente primordial essa expressão formal, ou, falando mais claramente, de caráter nitidamente formalista. Para isso, desçamos às suas origens e analisemos o fenômeno rapidamente.

O movimento que gerou a chamada arquitetura contemporânea brasileira teve um cunho eminentemente ideológico e estético, nascido que foi de uma reação intelectual ao ecletismo reinante até a década de 1930, representativo das classes dominantes ligadas ao nosso primeiro período republicano. Em verdade, naquela época não havia ainda condições objetivas (econômico-sociais) para o aparecimento de uma arquitetura fundada em bases de integral coerência. A industrialização em larga escala ainda não se havia processado, enquanto que nossa vida social guardava muito do antigo ranço paternal- escravagista, fatores estes que só sofreram transformação palpável após a Segunda Guerra Mundial. Daí a procura, por parte dos arquitetos de vanguarda da época, de uma forma pronta de arquitetura, ou, como diz Lúcio Costa — de um Livro Sagrado com o qual pudessem lançar-se, com segurança e sem dúvidas, à luta contra o ecletismo. Uma forma que, além de exprimir ideologicamente as transformações político-sociais que se anunciavam, estivesse em sintonia com as novas concepções estéticas do mundo ocidental. Assim, a nova geração de arquitetos da época, repudiando de saída a possibilidade de uma solução nacionalista, do tipo neocolonial, por seu caráter retrógrado e por sua evidente identidade com as ideologias direitistas de então, optou pelo chamado Estilo Internacional, principalmente em sua forma corbusiana. Este estilo, preconizado também por Gropius e Mies van der Rohe, tinha a dupla vantagem de, além de propor uma arquitetura internacional na forma, trazer em seu bojo teórico toda uma fraseologia de cunho esquerdista, perfeitamente identificável com as tendências avançadas da maioria dos jovens arquitetos daquele período. Do ponto de vista estético, sendo todos eles adeptos entusiastas do modernismo, desencadeado alguns anos antes pela Semana de Arte Moderna, seria natural que procurassem para a arquitetura o equivalente estético dos movimentos artísticos europeus ligados às demais artes plásticas, especificamente à pintura. E, neste particular, as doutrinas de Le Corbusier e de Mies van der Rohe eram também as que melhor se adaptavam àquela receptividade latente, uma vez que estavam intimamente ligadas e a reboque mesmo das correntes estéticas da pintura e escultura. A arquitetura de Le Corbusier foi uma decorrência natural do cubismo e de sua variante menor, o purismo, enquanto que a obra de Mies van der Rohe, pelo menos nas aparências, podia ser imediatamente identificada com o neoplasticismo mondriânico, ressalvando-se, é claro, sua concepção espacial, influenciada pela obra de Frank Lloyd Wright.

Partindo dessas premissas, a arquitetura contemporânea brasileira só poderia desenvolver-se no sentido de um formalismo bastante estreito. Como o ponto de partida foi o de uma ordem plástico-ideal apriorística, à qual se somou o conteúdo funcional-construtivo, evidentemente tinha que haver a prevalência da componente formal sobre as demais componentes arquitetônicas. Este desequilíbrio, ocasionando a exacerbação plasticista algo gratuita (tanto nas manifestações maiores como nas menores), é, a nosso ver, a causa primordial do esvaziamento progressivo da arquitetura brasileira atual e de seu encaminhamento visível para uma crise.

Do ponto de vista funcional (social-psicológico), até agora pouco progresso real foi alcançado através de nossa arquitetura contemporânea para o habitat do homem brasileiro. O que se tem visto, no caso das grandes cidades principalmente, é o crescimento demográfico vertiginoso, ditado pela industrialização e pelo êxodo do campo (razões que não nos cabe apreciar aqui), gerando pura e .simplesmente o problema do espaço vital nos centros populosos e a consequente proliferação dos edifícios de apartamentos. Fato este que por si só não representa real progresso arquitetônico ou social, tendo mesmo ocorrido à revelia dos arquitetos, tanto que sua participação na resolução destes problemas têm sido, infelizmente, mínima. Em verdade não se criou uma consciência de habitação coletiva com todas as suas implicações sociais, e a nossa residência unifamiliar, da pequena e média burguesias, continua a ser planejada, na maior parte das vezes, em função de critérios ultrapassados, baseados principalmente no conceito retrógrado de segregação, tanto no plano interno da casa, como em sua relação com o meio circundante.

Quanto ao aspecto construtivo, manda a sinceridade reconhecer-se a pequena contribuição da arquitetura contemporânea brasileira, ainda mais levando-se em conta sua extraordinária desinibição formal. E não poderia ser de outra maneira, pois somente há alguns poucos anos atingimos um estágio razoável de industrialização, único meio autêntico de conseguir-se algum progresso neste setor. Temos feito uma arquitetura avançada na forma, baseada porém em métodos construtivos artesanais, o que tem gerado contradições profundas entre a prancheta (ideal) e o canteiro da obra (material). Isto tem levado a maioria dos arquitetos brasileiros a um alheamento dos problemas construtivos de sua profissão, compensado por um virtuosismo do desenho, considerado quase sempre como um fim de si mesmo.

Estruturalmente falando, raramente foi alcançada a desejada síntese forma-estrutura; o que se tem visto quase sempre é a gratuidade formal (às vezes de grande beleza) ser mantida em equilíbrio estático, mercê de uma ginástica estrutural habilíssima, porém inteiramente divorciada do problema arquitetônico. Treinou-se toda uma geração de calculistas capazes, aptos a pôr de pé qualquer capricho de nossa arquitetura dita ousada (ou fantasista, como costumam dizer os engenheiros em seu bom senso). É bem verdade que, em alguns casos esporádicos, a síntese forma-estrutura tem sido realmente atingida, mas aí então geralmente destituída de caráter criador, valendo-se os arquitetos quase sempre das soluções historicamente consagradas, tais como as abóbadas e as cúpulas, ou então adotando princípios já de há muito teorizados ou mesmo realizados em países de tecnologia mais avançada (cascas cilíndricas e parabólicas, estruturas de cabos de aço tensionados, prescindindo do cimbramento e gerando parabolóides-hiperbólicos etc.).

Queremos crer que, daqui para diante, as novas gerações de arquitetos, conscientes destas deficiências de nosso movimento arquitetônico, tomarão a si a difícil tarefa de equacionar de maneira diversa os problemas da arquitetura brasileira, a fim de colocá-la sobre as bases de uma maior coerência intrínseca, fazendo com que todas as suas componentes fundamentais, materiais e espirituais passem a vibrar em uníssono, como seria desejável. Aí então, talvez seja atingido o ideal de beleza humanística, èm que uma casa, devendo ser Arquitetura, não precise necessariamente despojar-se de sua autenticidade de casa.

José Cláudio Gomes

"Um mau poema é um mau poema.

Lê-se ou deixa-se de ler.

Recolhe-se a edição e queima-se.

Mas e uma *cattiva archittetura*?"

Será sempre uma aberração pública, colocada em público, para uso do público. A menos que se convoque a pá e a picareta, nada resta a fazer senão plantar trepadeiras, como aconselhava o finado F. L. Wright...

E a carência deste senso de gravidade, de seriedade e de responsabilidade social no arquitetar, e porque a quase totalidade dos arquitetos deste país se tem esquecido tanto, e por tanto tempo (ainda que afirmem e jurem o contrário) de que há uma grande oportunidade nas suas mãos, e que aquele desenvolvimento harmonioso e paralelo entre as soluções formais, estruturais, construtivas e funcionais, mencionado na pergunta, não existem em nossa arquitetura.

As soluções estruturais ligadas às soluções formais pelo cordão umbilical da técnica construtiva, e tudo isso glorificando superiormente condições momentâneas e circunstâncias de uso e utilidade, devem constituir elementos inseparáveis, sob pena de termos as aberrações comuns à nossa arquitetura: formas que não levam dentro de si a sua solução estrutural; estruturas que se esforçam e trabalham exaustivamente para acompanhar determinadas soluções formais.

Qualquer um que olhe os muitos exemplos da arquitetura brasileira breve se convencerá que as soluções estruturais não mais constituem empecilho à fantasia do artista. Os engenheiros estruturais estão perfeitamente à vontade no campo das estruturas, e estão léguas adiante dos arquitetos. O problema hoje, para o engenheiro de estruturas, é o que de se saber aquilo que não pode ser feito. E para o arquiteto, aquilo que não deve ser feito... E isto, porque se confunde muito aqui, como alhures, arquitetura com a sua forma visível. De resto, este foi o equívoco inicial vindo, já pronto, do atelier da Rua de Sévres, pois, com efeito, se arquitetura é "le jeu corret, savant et magnifique des formes sous la lumière" e se a gravidade e seriedade do existir são reduzidas a um ludismo de importação, então nada há a estranhar de formas que se esforçam por estruturar ou de estruturas que se esbaldam por formalizar.

Não.

Temos formas elegantes em demasia. Temos *décor* em demasia. Mas se a técnica de estruturas tudo permite fazer? Eis porque estamos ainda em jejum absoluto de formas significativas, de formas prenhes de conteúdo, de formas sujas de matéria e de problemas vitais. Tudo é grave, tudo é sério e tudo é difícil.

Enquanto o drama do *essere nel mondo* não se elevar acima da simples solução elegante, estética, transformando-se em solução total, artística, não passaremos de fazedores de *promenades architecturales*.

Eis porque as formas inventadas pelos nossos arquitetos maiores são tão artificiais, tão desprovidas do drama da existência e da vida que vivemos. Tão líricas, como se diz. É que os homens que fazem arquitetura neste país estão, verdadeiramente, do lado de fora da coisa. Enquanto o arquiteto não for a sua obra, enquanto a obra não for o seu sangue, a sua carne, o seu mito, e não pertencer antes e acima de tudo a ele mesmo, não teremos uma arquitetura verdadeiramente digna deste nome.

Eis porque a arquitetura brasileira, quando vista por quem esteja dentro da coisa, logo lembra maquetes em ponto grande. A maquete é um modelo reduzido da coisa. É um modelo para ser visto e analisado de fora, tão-somente. Mas, se ampliarmos este modelo desmesuradamente, até a escala natural da coisa representada, de maneira que as dimensões do representado se igualem às do representante, eis aí, então, uma arquitetura brasileira.

E isto por que? Fatalmente porque se faz como insinua a pergunta: parte-se de formas apriorísticas enchendo-as, *a posteriori*, em dois processos mentais destacados e seccionados, de significados e funcionalidades diversas que podem ser as mais arbitrárias e gratuítas possíveis. Ou então, faz-se o contrário e chega-se ao mesmo desastre.

QUESTÃO 4

QUAL SERIA O CAMINHO PARA A SOLUÇÃO DO PROBLEMA DA HABITAÇÃO NO BRASIL (FAVELA, CASA POPULAR, HABITAÇÃO COLETIVA, INDIVIDUAL ETC.)?

M. M. M. Roberto:

Enquanto persistir a ideia de que o financiamento imobiliário, seja ele qual for, aumenta o processo imobiliário, sem distinção entre o financiamento para habitações e o financiamento para especuladores, nenhum. Não se pode pensar em desenvolvimento econômico sem pensar-se, ao mesmo tempo, na sobrevivência do povo para o qual o desenvolvimento é dirigido. Mesmo as nações que escolheram, para desenvolver-se, o caminho do sacrifício coletivo, tiveram que cuidar do problema fundamental da sobrevivência. Indústrias de base, sim, mas comida também.

O governo brasileiro parece empenhado na solução do problema do abastecimento; por que não cuidar, ao mesmo tempo, da moradia?

Uma fábrica de automóveis — perfeitamente enquadrada nos esquemas desenvolvimentistas governamentais — fatura mais de bilhão, todos os meses, e consegue, com o beneplácito oficial, financiamento de 70% dessa importância. Por que não descobrir mecanismos semelhantes que permitam a atração de capitais não aplicados em indústrias, para o financiamento da construção de moradias? A falta de habitações no Brasil está atingindo proporções de calamidade pública. O fato pode ser evidenciado com cifras, mas bastam dois exemplos:

— Se nenhuma providência for tomada, o Rio, em 1969, terá um milhão e meio de favelados;

— Mais da metade da população de Recife já vive em mocambos!

Medidas urgentíssimas são indispensáveis — e não para resolverem, apenas para remediarem, para impedirem a precipitação de crise social tremenda. A situação do Brasil é toda peculiar. Necessitamos de solução própria, específica, pouco nos servindo exemplos de outros países. Crescemos vertiginosamente, desenvolvemo-nos dentro de regime altamente inflacionário, nossa moeda padece de desvalorização contínua. Possuímos, contudo, potencial técnico de primeira, seja na parte de concepção ou na de realização.

A crise de habitação, sendo nacional, é um problema que tem que ser equacionado nas dimensões do país. As situações se agravam nos grandes centros; Rio e São Paulo, porém, não representam a totalidade do problema. Todas as instituições que tentaram financiar habitações falharam completamente — os institutos, as Caixas Econômicas, a Fundação da Casa Popular. E falharão todas as outras que continuarem a empregar processos tradicionais em outros lugares, quando exigimos as nossas próprias soluções.

Sem a compensação da desvalorização da moeda, com a garantia do juro real ao financiador, é perda total de tempo pensar-se em financiamento a longo prazo e a juros normais no Brasil de hoje. Somos dos que julgam indispensável uma lei federal que modifique o conceito tradicional de hipoteca — a prefixação do custo exato da coisa que se dá em garantia — permitindo que a amortização da moradia seja feita em parcelas reajustáveis de ano para ano, acompanhando a desvalorização da moeda. Para quem paga aluguel ou amortiza a compra de uma habitação, o que de fato importa é a percentagem representada pela amortização, ou aluguel, em relação ao salário-família. Se a cota inicial do pagamento estiver enquadrada no salário-família destinado à habitação, e se o enquadramento permanecer durante todo o tempo calculado para a amortização total do financiamento, qualquer família poderá alugar, ou comprar mesmo, a sua habitação, e o financiador, tendo seu dinheiro sempre atualizado, investirá sem intuitos de benemerência, mas, também, sem precisar cobrar os juros escorchantes, correntes hoje em dia, para se cobrir da desvalorização rápida da moeda. A moradia, mesmo a apenas semidecente, é inacessível a quem, agora, é obrigado a morar em favela. A especulação tornou inacessível à grande parte da população até o minimíssimo apartamento de quarto e sala. Mas se houvesse um programa governamental correto, escorado em legislação adequada, 25% do salário-família mínimo dariam para pagar o aluguel, ou, mesmo, a amortização de compra de uma habitação humana. É sumamente necessário e urgente o fornecimento de um dispositivo legal que atraia os tradicionais financiadores de habitações — companhias de seguros, de capitalização, bancos, etc. — atualmente afastados ou especulando desenfreadamente em loteamentos ou incorporações de grande preço — para a colaboração no programa de salvação nacional, com a garantia da remuneração correta dos seus capitais.

Marcos de Vasconcellos:

O êxodo rural gerado pela sedução do mito da justa paga e a consequente saturação demográfica urbana geram o mal no campo e na cidade.

O mal não é epidérmico, mas intestinal. O caminho não será aberto por mera solução arquitetônica.

Fixe-se o homem ao campo através de reforma agrária inteligente. Encurtem-se as distâncias com vias de comunicação e transporte adequado e crie-se a indústria para ocupar o homem. Só então, com o agravamento do problema cessado, o arquiteto será solicitado para cuidar da pele, criando condições dignas de habitação para as populações urbanas, já existentes.

Sendo, por outro lado, um problema coletivo, só poderá ser resolvido pela coletividade, através de sua expressão, o Estado, com a adoção de soluções discretas de arquitetura, pois somos um país pobre. As soluções fáusticas que têm sido empregadas (conjuntos residenciais, cruzadas etc.) são como pomada em papo. Dão brilho, mas não curam.

Sérgio W. Bernardes:

O encaminhamento da solução do problema habitacional no Brasil deveria ser enfrentado pelo governo, articulando um plano nacional, estruturado na realidade econômico-social brasileira por região, nos Institutos de Previdência Social, nas companhias de seguros, na iniciativa privada, nos sindicatos de classe, nas organizações bancárias, descentralizando totalmente o lado executivo-construtivo.

O Plano Nacional de Habitação regularia e coordenaria todas as forças econômico-sociais do país com uma unidade de pensamento e propósitos. Os Institutos de Previdência Social apenas financiariam os planos de habitação para os seus beneficiários.

As companhias de seguros lançariam o seguro habitacional, de forma que cada segurado pudesse mudar sempre que necessário para as proximidades do trabalho, evitando com isso uma sobrecarga no transporte e dispersão de energia e tempo.

A iniciativa privada que possuísse certo número de funcionários seria obrigada a construir, dentro de um raio determinado, moradias que fossem necessárias, financiadas automaticamente pelos institutos, garantidas pelo seguro habitacional quanto à possibilidade de mudança, transferência ou demissão de funcionários. Os sindicatos de classe seriam os coordenadores da legitimidade da operação funcionários-institutos-companhias de seguros. As organizações bancárias financiariam a curto prazo, com aval dos Institutos de Previdência, o início das operações. Todas as iniciativas reguladas pelo plano nacional de habitação estariam totalmente isentas de impostos.

Sílvio de Vasconcellos:

Acacianamente dizendo, o Brasil é um país imenso, com regiões fortemente diferenciadas. A solução do problema da habitação de seu povo não pode, portanto, ser uniforme. Fundamentalmente há dois aspectos gerais a considerar: o das populações marginais improdutivas e o das populações ponderáveis. Para as primeiras o problema não é o de se lhes darem habitações, mas sim meios de sobrevivência digna. Caridade não resolve nada. Para as segundas, a solução é fazer com que as habitações lhes sejam acessíveis. Proporcionar meios para que construam ou adquiram casas e não para que as possam obter graciosamente ou com vantagens excepcionais. Paternalismo também não resolve nada. Se a população desprovida de moradias constrói em terrenos alheios (favelas) e tem, por seu trabalho, acesso aos bens de consumo, certamente haverá meios de se colocarem ao seu alcance também as habitações. Esta possibilidade não existe porque: o preço dos terrenos é, no Brasil, extraordinária e inexplicavelmente alto (latifundiarismo urbano); não há transporte rápido que possibilite ao trabalhador residir longe do seu local de trabalho, em bairros periféricos de terrenos mais baratos; existe uma desenfreada especulação imobiliária que transformou os edifícios de habitação coletiva em objetos de luxo, entendidos esses edifícios como investimento de pingues lucros e não como solução para o problema habitacional, razão dé sua invenção e existência em todo o mundo; a técnica construtiva brasileira, em razão das grandes empresas só se dedicarem a realizações de grande lucro, não se interessou ainda pelo barateamento das obras, não havendo padronização de material, nem experiências destinadas à economia dos serviços, nem mesmo contabilidade de custo para análise mais correta da situação, visando encontrar e corrigir as deficiências do processo construtivo.

Não se pode acreditar, assim, que o problema se resolva por intermédio de institutos, organizações, confrarias etc., que se destinem favorecer casas às populações sem teto. Essas iniciativas pecam por princípio, constituindo-se em favor, propiciando prioridades, política e privilégios. A verdadeira solução depende muito mais de iniciativas indiretas: barateamento dos terrenos, financiamento, transporte, educação, técnica construtiva e cooperação.

Oscar Niemeyer:

Pouco a pouco a habitação foi evoluindo e os grandes palácios desaparecendo, substituídos pelas casas burguesas, que já agora começam a se reduzir no luxo e na escala, constituindo uma exceção não raro acintosa diante dos que nada possuem. A habitação coletiva representa hoje a solução que melhor atende aos interesses do povo pelas condições de economia e simplicidade que oferece, mas isso não exclui a casa isolada — quando bem concebida num plano de urbanismo — nem a casa mais luxuosa e requintada, pois os tempos não se anunciam como uma promessa de miséria coletiva, mas de uma fase progressiva de maior conforto para todos.

Alberto Carlos da Silva Telles:

Para podermos pensar em estruturar um plano para a solução do problema da habitação no Brasil, ser-nos-ia necessário o conhecimento profundo do problema em cada região. Pois acreditamos que só poderemos resolvê-lo quando pensado em bases regionais. Porém, estamos certos que cabe ao arquiteto, e somente ao arquiteto, estudar e procurar a solução do problema. Assim como acreditamos que tal solução deverá ser encontrada no planejamento a longo prazo, talvez iniciado com aí tentativa de urbanização dos centros pobres que se formam, como aglomerados, em torno das grandes cidades. Urbanização que procuraria dar melhores condições de vida às populações de tais aglomerados. Assim, poderíamos iniciar um programa de recuperação da habitação popular do Brasil, que tenderia a solucionar, além do problema habitacional, o problema da fixação das populações em suas regiões nativas. Com isso, teríamos encontrado o caminho para evitar a fuga das populações rurais e, consequentemente, acabaríamos com a formação de favelas na periferia das grandes capitais e dos grandes centros.

A partir deste ponto, fixando os homens em seus habitats naturais, poderíamos, em cada região, desenvolver um programa que permitisse a compra de casa própria por todo brasileiro, conseguindo talvez solucionar o problema habitacional.

Marcos Konder Netto:

É sabido que o Brasil conta com um déficit imenso de moradias, vivendo o nosso povo humilde, geralmente, em condições precárias de conforto e higiene. O caboclo do interior leva uma vida semiprimitiva, enquanto que uma parcela cada vez maior da população citadina amontoa-se em favelas sórdidas, verdadeira vergonha para os nossos foros de nação civilizada.

Nestas condições torna-se difícil, senão impossível, a coesão familiar necessária à estruturação de uma sociedade sadia, uma vez que a efetivação de um lar regularmente constituído só é possível sob a proteção material de um teto condigno.

Por seu turno, a classe média brasileira das grandes cidades (já que são muitas) não encontra facilidades para a concretização de uma aspiração justa, qual seja a aquisição de moradia própria mediante financiamento a longo prazo.

Por todas estas razões, cremos que o problema habitacional no Brasil deve ser encarado com a maior urgência, pois, a persistir a atual situação, dificilmente poderá o povo brasileiro apresentar condições integrais de profundidade e ajuste social. Sendo este um problema de grande envergadura, temos a convicção de que compete ao governo federal resolvê-lo em bases metódicas, ainda que não seja de se desprezar a ajuda da iniciativa privada, quando devidamente disciplinada. Daí acharmos ser de grande oportunidade a elaboração de um Plano Nacional de Habitação, no qual sejam abordados realisticamente e sem interferências políticas todos os ângulos da questão. Seria um fato, a nosso ver, altamente auspicioso se o atual governo federal, encarando de frente o problema, instituísse um órgão especializado e autônomo para tentar resolvê-lo (sob a direção de uma equipe de especialistas capazes), o que não constituiria atitude inédita face a outros países, que já possuem inclusive ministérios especializados em arquitetura e urbanismo.

É claro que na raiz de toda esta questão encontra-se o problema financeiro. Sem dinheiro nada se poderá pretender e o primeiro passo a ser dado deveria ser o da instituição do financiamento a longo prazo ao alcance de todos. Atualmente o financiamento se encontra prejudicado pela inflação, uma vez que o dinheiro emprestado a longo prazo, sob hipoteca, jamais poderá ser readquirido em seu valor real pelo financiador, face à incrível desvalorização da moeda. Somente instituições paraestatais podem-se dar ao luxo de emprestar dinheiro a prazos longuíssimos, sabendo de antemão que jamais poderão obter o reembolso das quantias emprestadas em seu valor real. Trata-se portanto de empréstimos de favor, que além de lesivos aos cofres da nação, não resolvem o problema da moradia daqueles que realmente a necessitam.

A saída para o problema, já proposta aliás pelo Instituto de Arquitetos do Brasil, seria a elaboração de uma legislação específica que facultasse ao financiador o reajuste periódico das parcelas de resgate do capital emprestado consoante o processo inflacionário.

Para a profissão do arquiteto, atualmente praticamente alijado do planejamento de moradias pelos especuladores, estas medidas representariam a perspectiva de uma ampliação imediata do mercado de trabalho, até agora restrito às residências de alto luxo e a algumas obras estatais de maior envergadura. Somos de opinião, ainda, que a resolução do problema de habitação do povo brasileiro não pode ser encarada isoladamente, uma vez que a casa para funcionar plenamente deve estar integrada numa comunidade harmoniosa, dotada de todos os requisitos necessários ao bem-estar da população. Por isso achamos que, ao lado de uma política visando resolver o problema habitacional, cumpre estabelecer-se uma norma instituindo os planos-diretores regionais ou urbanos, adotando se possível, por lei, a obrigatoriedade dessa medida para as comunidades acima de um certo mínimo populacional, o que também não constituiria novidade, já tendo sido posto em prática há longos anos por outras nações.

Gregori Warchavchik:

O caminho para a solução do "problema da habitação no Brasil" é a mais vasta e a mais vaga enunciação de um problema — sempre, repito, SEMPRE, em arquitetura, como em urbanismo, a solução está, no caso do espaço, em grande parte, dependente da pesquisa local, que pode inventar até soluções desconhecidas e não utilizadas até agora. Não cabe falar, então, das soluções preconizadas, sem considerar onde, para quem, porque motivo, aplicar-se, em determinado ponto "soluções ao problema da habitação no Brasil". Convém, como dizia certa sabedoria popular em uma peça de teatro, tomar sempre todas

as precauções e verificar de onde vem o vento e para
onde ele vai.

Henrique E. Mindlin:

A solução real — e total — do problema de habitação só poderá vir do desenvolvimento econômico
do país, no sentido de uma elevação geral do nível de
vida. Enquanto nos encaminhamos para lá, entretanto, pode-se fazer bastante mais do que se faz para dar
habitação decente à grande massa da população. Em
primeiro lugar, é preciso acabar com o mito da casa
própria, que é inatingível pela maioria; em seguida,
dentro de um planejamento global adequado — regional e local, bem como político, social, econômico,
técnico —, canalizar recursos financeiros para o campo da habitação, através das medidas que em outros
países tão bem serviram para levar a esse setor capitais privados ou institucionais: subsídios de aluguéis
ou de descapitalização parcial, e seguros e garantias
estatais de operações hipotecárias. Em outras palavras, a solução não está na escolha de determinado
tipo de habitação, conforme a pergunta, mas na estruturação inteligente de toda a atividade pública e
privada em matéria de habitação. Há quinze anos, os
arquitetos lutam inutilmente pela criação de um Conselho Nacional de Habitação que nos possa levar a

uma política habitacional definida. O tema proposto nesta pergunta é amplo demais e exigiria (como aliás todas as outras) uma resposta excessivamente extensa.

Carlos M. Fayet:

Para mim, o único meio de recuperar as populações marginais e dar moradias decentes para todo o povo implica alterar as relações de produção. E este caminho conduz ao socialismo.

Acácio G. Borsoi:

Acreditamos que implicaria uma reforma do sistema político-social-econômico do país.

Demétrio Ribeiro:

As soluções técnicas existem. Estão à espera que se encaminhe a solução econômica, para o que é preciso que a sociedade possa mobilizar grandes quantias para fins outros que não o lucro. Muito se diz e se escreve sobre os problemas técnicos da habitação para divergir do problema econômico e político do qual depende realmente a solução.

Flávio M. Rego:

O problema da habitação, não só no Brasil como em toda a parte, está intimamente ligado a fatores sócio-econômicos profundamente vinculados à estrutura dos regimes. Sente-se, no entanto, que dentro do nosso esquema social uma série de medidas poderia ser tomada para tentar, se não resolver de uma maneira clara e permanente o problema, pelo menos encaminhá-lo: — a industrialização da construção procurando desenvolver métodos de pré-fabricação que fossem capazes de baratear os preços; — uma legislação rigorosa com vistas a coibir a especulação imobiliária; — o estudo das migrações, procurando fixar o homem ao campo, diminuindo o superpovoamento das cidades; — a obtenção ou aproveitamento de áreas existentes próximas aos locais de trabalho; — a criação de créditos populares a longo prazo e com juros baixos; — a fixação dos aglomerados improvisados existentes, pela melhoria das construções, com o fornecimento de materiais de construção básicos, auxílio técnico e utilização voluntária da mão-de-obra residente, procurando estimular o auxílio mútuo. A ideia é transformar aqueles aglomerados (favelas etc.) em bairros, aparelhando-os da melhor maneira possível e procurando utilizar sua implantação natural e desenvolvimento espontâneo. Os casos deveriam ser estudados *de per si*, cada qual exigindo um trabalho próprio. A recuperação não deveria ser feita através de planejamento idealizado e imposto e sim por um planejamento orgânico a longo prazo, que se amoldasse às contradições e particularidades existentes em cada caso. Um planejamento desse tipo permitiria preservar as tradições culturais daquelas sociedades em formação (música popular, costumes religiosos particulares, artesanatos etc.) e recuperar o pequeno número de marginais existentes pela integração em seu habitat natural, harmonizado socialmente sem a destruição de sua tradição cultural e introdução de costumes impostos e racionalizados.

Quanto ao tipo de habitação a ser utilizado, em conjuntos residenciais, cidades novas, ou na recuperação das antigas, é impossível isolar um determinado, uma vez que essa diferença vem da diversidade de poder aquisitivo que determina os vários níveis sociais. Os limites não só de aparelhagem mecânica de um edifício como também de sua concentração de população estão sujeitos a várias causas, como a valorização dos terrenos, proximidade aos locais de interesse, possibilidade de venda etc. Todas essas causas estão entrelaçadas à estrutura sócio- econômica e fogem à vontade e poder de determinação imediato, dependendo de profundas modificações da evolução no sentido de encontrar a saúde social.

O que importa não é tanto a divisão e determinação de tipos e sim a sua utilização conjunta. O tipo de habitação é função do nível social que determina as classes. Qualquer divisão de bairros por tipo de habitação estimulará, com o tempo, a divisão de classes, que vivendo contíguas irão criar contradições graves e o mal-estar social. Provavelmente será difícil eliminar a divisão de classes e existirão sempre as diferenças de tipos de habitação — populares, coletivas, individuais etc. —, no entanto é preferível evitar que elas se agrupem por tipos em bairros exclusivos, fortalecendo ou gerando o espírito egoísta de classes diferentes e a hostilidade recíproca.

A determinação dos tipos é mais uma contingência sócio-econômica, porém a sua distribuição é em geral responsabilidade do arquiteto que realiza o planejamento.

João H. Rocha:

A solução do problema da habitação, no Brasil ou fora dele, depende exclusivamente de fatores econômicos e sociais. Os arquitetos saberão resolver da melhor maneira, barracões ou palácios. O que os arquitetos poderão fazer é orientar a aplicação dos recursos públicos ou privados no sentido da solução arquitetônica ou urbanística consentânea com a nossa civilização.

Edgar A. Graeff:

A pergunta sugere que o encaminhamento da solução do problema habitacional depende da escolha de um tipo de habitação a ser construído. Não posso concordar com isso. A questão da habitação está formulada e sem resposta concreta há mais de um século, em todo o mundo. Não é um tipo de habitação que falta — são as massas populares que não dispõem de recursos para a construção. O caminho, portanto, principia no desenvolvimento econômico e social da humanidade. A história revela, entretanto, que não é qualquer tipo de desenvolvimento econômico-social que transporta os meios de solução do problema habitacional: nos Estados Unidos, na Inglaterra, na França, na Alemanha, o problema permanece crucial e sem solução à vista. Desenvolve-se, neste momento, a tentativa socialista. Ante as diretrizes da planificação e os recursos mobilizados para a construção, é forçoso reconhecer que se trata de uma experiência realmente séria, em escala inédita. A União Soviética deve construir, até 1965, 22 milhões de habitações, fornecendo casas novas para 88 milhões de pessoas. Asseguram as autoridades que em catorze anos (dois planos septenais) o problema estará resolvido.

A questão, portanto, é de mobilização de vastos recursos para a construção. Isto feito, os arquitetos são chamados a projetar ranchos camponeses, habitações individuais e coletivas, casas isoladas, geminadas em fila, blocos horizontais e arranha-céus, segundo as exigências da vida em cada lugar e em cada oportunidade, e segundo os meios de edificação em disponibilidade.

Affonso Reidy:

O Brasil é um dos países que mais têm descurado o problema da habitação. Tem, pode-se mesmo dizer, ignorado a sua existência. Pouquíssimas têm sido as realizações nesse setor, ao passo que o déficit habitacional aumenta assustadoramente e, como consequência, as favelas crescem como cogumelos. Até hoje não houve, entre nós, uma tentativa séria para encaminhar o problema, enfrentando-o com a decisão necessária, em escala compatível com a sua magnitude. Refiro-me, é claro, à habitação para as classes menos favorecidas, onde mais se sente a falta da ação do Poder Público. O grande problema da habitação popular está na desproporção existente entre o custo de uma habitação modesta, mas decente, e o salário do trabalhador. Essa situação, aliás, não ocorre apenas entre nós, mas em quase todos os países. Por mais que se procure reduzir o custo de uma habitação, o seu valor será sempre muito superior às possibilidades aquisitivas da maior parte dos trabalhadores. A habitação mínima, isto é, aquela que corresponde a um padrão mínimo de conforto, condizente com a condição humana, não está ao alcance do poder aquisitivo do trabalhador de salário mínimo. Assim, antes de chegar a ser um problema de técnicas, de arquitetura e de urbanismo, a habitação popular é um problema financeiro. Como enfrentá-lo?

Como obter os recursos necessários? A habitação popular, não sendo um empreendimento lucrativo, não pode interessar, como investimento de capital, à iniciativa privada. Assim, terá que caber, forçosamente, ao Poder Público o ônus da sua solução. Terá que ser considerada um serviço público como o são o abastecimento de água, o serviço de esgotos, os transportes coletivos etc. A intervenção do Poder Público poderá processar-se diretamente, construindo através dos seus órgãos executivos, ou indiretamente, em forma de subsídio.

Sendo a habitação um problema fundamental do urbanismo, o Plano-Diretor da cidade é que deverá indicar os locais onde, preferencialmente, deverão ser construídos os grupos residenciais, tendo em vista sua situação geográfica, suas condições econômicas, suas possibilidades em relação aos serviços públicos, ao transporte e ao mercado de trabalho. Não basta, porém, construir casas, individuais ou coletivas, para solucionar o problema, ou mesmo encaminhar a sua solução. É preciso que essas casas, sejam individuais ou coletivas, tenham nas suas imediações, ao seu alcance fácil, todos aqueles serviços e instalações necessários à vida de todos os dias: a escola, para as diferentes idades escolares, acessível às crianças mediante curto percurso a pé, em segurança, livres do perigo de serem atropeladas; posto de saúde, para prestação de assistência médica e dentária; o pequeno mercado local, para o abastecimento de gêneros alimentícios; o *playground* e os campos de jogos, o ginásio coberto e eventualmente a piscina, para a prática do esporte e a recreação; o clube social, onde os membros da pequena coletividade poderão reunir-se, dispor de uma biblioteca, de uma sala de projeções etc. Nesse grupo de instalações, que constituirá um prolongamento da habitação, realizar-se-ão as atividades cotidianas de fora de casa. Esse conjunto, compreendendo as habitações e os seus prolongamentos, é a unidade básica de planejamento dentro da cidade.

O problema da habitação está estreitamente ligado ao do transporte. Numa cidade como a nossa, que se desenvolveu em extensas faixas, os deslocamentos das massas populacionais são particularmente difíceis. Essa circustância, aliada a um deficiente sistema de transportes coletivos, faz com que o tempo gasto nos percursos diários de ida e volta da casa ao trabalho absorva totalmente as horas que deveriam ser empregadas nos lazeres indispensáveis a uma vida sadia. O ideal seria morar perto dos locais de trabalho, de modo a evitar perda de tempo e despesa com o transporte. Casa individual ou habitação coletiva é solução igualmente válida, dependendo das condições especificadas apresentadas por cada caso em particular. A casa popular individual só é realizável em locais onde os terrenos são de baixo custo, isto é, nos mais afastados bairros. Isso porque a casa individual requer uma baixa densidade demográfica, o que significa uma elevada cota de terreno *per capita*. Nos bairros mais centrais e valorizados, onde também é necessária a construção de habitações populares, não se pode pensar em solução que não seja a da habitação coletiva, que permite uma maior densidade habitacional, em boas condições de higiene e conforto, ficando a cota de terreno diluída e, portanto, mais acessível economicamente.

José Cláudio Gomes:

É este um tema que ainda nem sequer foi proposto aos arquitetos, ou pelos arquitetos.

Problema que será resolvido em termos nacionais ou não será resolvido; então, é este um assunto que, conforme direi mais adiante, se constitui, num primeiro tempo, em problema de crédito financeiro; logo mais, num problema de planejamento urbano; a seguir, passa a ser um problema de indústria de construção civil; para, finalmente, constituir-se em problema de arquitetura, fecho do processo e de sua problemática e, simultaneamente, abertura para novo processo e nova problemática. Como todo problema de alto interesse nacional, entendo que deva ele, numa primeira etapa, ser avocado pelo Estado, pois, como típico problema de infra-estrutura econômica, deve ser, preliminarmente, equacionado e encaminhado pelo Estado para, a seguir, e quando as soluções já estejam suficientemente delineadas em termos de interesse nacional, permitir então, e somente então, o acesso, paulatino e controlado, ao capital privado.

Do ponto-de-vista econômico, entendo ser indispensável este equacionamento. Não creio que o Estado deva monopolizar *per omnia secula seculorum* a riqueza nacional. Pois, quando esta já estiver inequívoca e efetivamente — e não apenas formalmente — integrada ao patrimônio nacional, não vejo por que não permitir o acesso à sua exploração pelo capital privado. Enfim, como já temos visto em alguns setores de base da economia nacional (e mesmo estadual), espera-se que o Estado funcione, antes, como pioneiro e aglutinador inicial dos investimentos cedendo a vez, a seguir, ao capital privado, permitindo liquidez e flexibilidade à produção de bens sem perder, é claro, controle do mecanismo econômico.

Assim é que entendo como medidas fundamentais para o encaminhamento, pelo Estado, do problema da habitação no Brasil:

1) consolidação em um único organismo federal do crédito imobiliário de quantas fontes creditícias existam dispersas por aí, pelos vários IAPs, CAPs, Fundações, ou órgãos previdenciários de siglas variadas etc. e, frequentemente, de orientação antagônica.

2) instituição junto a este órgão federal de um fundo inicial para atender às operações, fundo este que poderia ser formado quer pela instituição de taxas ou tributos federais quer por dotação vinculada ao orçamento nacional.

3) instituição pelo Governo Federal, através do seu estabelecimento de crédito (Banco do Brasil) ou da Caixa Econômica, de uma Carteira de Crédito Imobiliário, à semelhança das já existentes, para o crédito agrícola e industrial, mas escoimada dos vícios e erros destas últimas.

4) concessões dos financiamentos em bases tais que as amortizações mensais dos débitos contraídos nunca onerem o financiado em mais de 30% do seu

salário mensal. O Montepio Municipal de São Paulo, por exemplo, admite descontos de até 60% dos vencimentos mensais dos seus financiados e, em alguns casos especiais, até 90%! Quer dizer, a vítima, segundo este sistema, teria que viver de brisa e morrer de inanição, mas dentro da sua casa própria... Isto significa que as taxas de juros e os prazos de amortizações dos débitos contraídos deverão ser judiciosamente estabelecidos pelo órgão financiador, e sempre em função dos vencimentos do financiado.

Uma vez concretizada esta primeira etapa, que fazer com este fabuloso capital amealhado e reunido num instituto de crédito federal? Estaria este organismo, porventura, já pronto e capacitado para operar em bases econômicas e conceder os empréstimos aos milhares que desejassem comprar ou construir a sua casa própria? Em que condições de rentabilidade estaria a União empregando este capital? Será que o pequeno Barnabé, morador em Quebra-Anzol, ao obter um financiamento para a construção da sua casinha nos arredores de sua cidade, cidade no mais das vezes sem um mínimo de equipamentos, sem água, luz, esgoto, calçamento etc., seria este empréstimo, nestas condições, repito, a melhor maneira de a União aplicar seu dinheiro, já não digo com lucros, mas com um mínimo de solvabilidade? É claro que não!

Surge, então, a segunda etapa na problemática da habitação. Se a habitação está diretamente vinculada a um *environment*, e ela se vai inserir numa determinada paisagem urbana, então, quanto melhor equipada esteja esta área, este bairro, do ponto-de--vista de serviços e utilidades públicas, tanto melhor investimento estará sendo, quer para o financiador quer para o financiado. Para aquele, porque o investimento se estará dando em bases de maior segurança e para este porque ele estará aplicando o capital mutuado em bases mais rendosas e eficientes.

Deve, então, a União prover o planejamento total nos seus diversos escalões. Do nível nacional, passando pelo estadual, até atingir ao nível municipal da comunidade local, célula mater básica do planejamento. Este planejamento teria, entre outras, a atribuição de estabelecer, através de um bureau federal de planejamento de habitação, as condições gerais do financiamento; as normas e os padrões gerais das habitações financiáveis pela União. Este bureau central providenciaria, então, através das suas divisões de Arquitetura, Economia, Assuntos Sociais, Pesquisas, Estatísticas etc., o levantamento básico das necessidades habitacionais em todo o país, trazendo este levantamento sempre atualizado, uma espécie de cadastro do desabrigo nacional. Os dados obtidos por este bureau de planejamento serviriam, então, de orientação à política creditícia do estabelecimento de crédito imobiliário, possibilitando, desta forma, o desejável e necessário entrosamento entre a política de crédito e o planejamento nacional de habitação.

Resumindo, devo dizer que o planejamento que vise à criação de comunidades organicamente integradas ao tecido urbano de que fazem parte é problema especificamente da alçada do poder público. Aliás, aqui em São Paulo, estamos presenciando o nascimento, ainda incipiente é claro, de movimentos mais ou menos conscientes visando o planejamento em âmbito regional e, em alguns casos, mesmo estadual. O Governo do Estado, por exemplo, vem dando preferência a investimentos em municípios que já tenham planos-diretores aprovados ou em via de execução.

Mas, uma vez estabelecido um instrumento de crédito federal e implantada uma política de planejamento nacional, qual o próximo passo para a fase já propriamente executiva visando à solução do problema?

É a parcimônia e o bom senso nos gastos para a construção daquela habitação. É a determinação de como construí-la da maneira mais rendosa e eficiente. Surge, então, a terceira etapa do problema,

que é a execução, em grande escala, de habitações. É
onde entra em cena, então, o problema da criação e
da estruturação, em bases nacionais, da indústria de
construção, *background* indispensável sobre que se
apoiará a produção das habitações e terrenos no qual
o papel do arquiteto, já mais especificamente, come-
ça a fazer-se sentir. Este é um problema extremamente delicado porquanto já nos aproxima da concretização objetiva, da materialização visual e física, em
termos de construção, de tudo o que até aqui ficou
dito. Estamos nos aproximando, em suma, do fato arquitetônico.

Uma indústria de construção para estes brasis deverá possuir uma estrutura tão flexível e diversificada
que possa absorver toda a enorme variedade de problemas, desde os físicos, climáticos até os econômicos, técnico-engenheiráticos, construtivos e arquitetônicos. Entendo que uma indústria de construção no
Brasil deveria encarar, basicamente: 1) — a industrialização total dos equipamentos mecânicos (instalações hidráulicas, elétricas, térmicas, rede de água, luz,
esgotos, tratamento de lixo etc.) de forma a chegarem
prontos para montagem no canteiro da obra, meca-
nizando, portanto, o que pode e deve ser mecaniza-
do; 2) — o desenvolvimento de métodos construtivos
que permitam a obtenção de elementos construtivos

intercambiáveis, flexíveis e diversificados ao máximo. Mas veja bem: não falo em partes ou componentes pré-fabricados. Entendo ser de fundamentalíssima importância desvencilhar o problema da construção de baixo custo desta camisa-de-força e antinatural da industrialização total e maciça.

Uma casa não é um automóvel. Por isso não há outra indústria de construção a não ser aquela que, utilizando-se do potencial tecnológico de maneira sensível e criadora, desenvolva métodos construtivos ao invés de elementos industrializados ou não. O problema da flexibilidade é, aqui, de absoluta importância. Quando o arquiteto não mais tiver opção na escolha, poderá, ainda, fazer habitação ou construção de baixo custo, mas não estará fazendo mais arquitetura. Quando ele não mais tiver a liberdade de escolher os seus próprios limites; quando ele tiver que se submeter às limitações impostas por um módulo ou *standard* externo e a uma disciplina que é a disciplina e o rigor da *assembly line*, aí então será o caos absoluto.

É o caminho por onde se envereda a quase totalidade da construção pré-fabricada, onde o arquiteto, com uma chave de fenda ou alicate, constrói — perdão, monta — a sua barraca. Não é certamente nesta disciplina de circunstâncias que Paul Valéry pensava quando nos garantia que "a plus grande liberté nait de la grande rigueur". Certamente não.

A verdadeira disciplina não é aquela que nasce e que brota livremente das exigências internas à própria criação?

Não é aquela gaiola dourada que cada um constrói livremente para si e que, depois de pronta, se está do lado de fora, liberto novamente, para recomeçar mais uma vez, e indefinidamente, o drama de Sísifo?

O que falta ao arquiteto, fundamentalmente, é esta visão mais rica e vertical do real em todas as suas dimensões, do mundo e da sua tradução em termos próprios do ofício. É esta superior articulação mais perfeita e mais sensível das forças vitais que atuam no real. E porque o leigo e não iniciado, pelo próprio fato de observar a arquitetura pelo lado de fora, vê, de maneira geral, muito mais claramente a falácia e o absurdo dos mitos da tecnologia, eis porque fica o nosso pobre e desarvorado arquiteto enredado cada vez mais neste aranzel de exibicionismo estrutural, de painéis pré-fabricados, neste estúpido e imbecil malabarismo técnico, confundindo ainda, trinta anos depois!, uma casa com uma *machine à habiter* ou um domo geodésico de papelão com uma habitação para gente de carne e osso.

Mas é sempre assim que acontece.

O que é, afinal, a liberdade abusada senão a irmã siamesa da libertinagem?

É tão rico o vocabulário da arquitetura atual que o que falta a ela, desesperadamente, urgentemente, é a sua gramática, a sua sintaxe, o seu discurso coerente, a sua lei seletiva própria para que, com tantas palavras diferentes, elas se ajuntem numa certa ordem e desta ordem nasça, afinal, o discurso. Ou o poema.

E nisso que eu estou a pensar quando falo aí em cima em métodos construtivos (discursos) ao invés de elementos construtivos (palavras).

São tantos os engenhos que a tecnologia nos põe nas mãos, e é tão grande, rica e variada a gama dos elementos para construção às ordens do arquiteto que, tanta liberdade de escolha, limitada somente pela imaginação criadora do artista, pelo seu senso de medida, equilíbrio è proporção das partes para com o todo e do todo para as partes, levou o nosso herói, tão constantemente, tão frequentemente, a cair no polo oposto do abuso, da deturpação e da libertinagem construtiva.

Este é o panorama que ainda não se instalou no Brasil, por ainda carecermos de uma indústria organizada de construção civil. Contudo, este é o panorama que se está instalando aos poucos neste país. Este é o panorama que se instalará, sem a menor dúvida, logo mais, se os nossos arquitetos mais lúcidos e conscientes não tomarem a si esta tarefa formidável de encaminhar o problema da arquitetura para a habitação de baixo custo em termos de criação.

Basta que se olhe no campo da arte irmã, o cinema nacional, a se debater desesperadamente entre a asfixia das forças da produção industrial de filmes e a rapinagem e o esbulho das organizações internacionais de distribuição dos filmes.

O cinema é exemplo frisante de arte (e que arte!) que ficou absorvido pela sua tecnologia e prisioneiro da sua própria definição. É idêntico o caminho que trilhará a arquitetura quando a sua máquina tecnológica estiver totalmente montada, se os arquitetos não se dispuserem a dominar a Cassandra da tecnologia: a máquina.

Eis assim que, percorrida, ainda que *a vol d'oiseau*, a problemática da habitação de baixo custo, no Brasil, concluo que o problema realmente definidor será — meu Deus, e como isto é acaciano — um problema de criação. Na prancheta do arquiteto é onde, em última instância, se resolverá este problema.

E atentemos para este fato extremamente sintomático e significativo: nos Estados Unidos, na Inglaterra, na própria URSS, em países com elevado índice de industrialização, e onde o problema da habitação barata já passou por todas aquelas etapas que acabei de expor (crédito, planejamento, industrialização) não se tem, ainda, uma verdadeira arquitetura da habitação de baixo custo. Tem-se, isto não há dúvida, construção de baixo custo, complexos enormes onde há aquele conforto indiferenciado que o *gadgetry* tecnológico proporciona às massas indistintamente (estou-me lembrando de Levittown, nos E.U.A., naquelas horrorosas escolas inglesas pré-fabricadas, todas iguais entre si, ou nas *houses-of-your-dreams* dos *prefabrers* americanos) mas que, verdadeiramente falando, não se pode dizer que seja arquitetura.

Pelo menos, não com aquele senso de gravidade e *terribilità* que sempre entendi a arquitetura, com aquele senso de permanência temporal de coisa para ficar.

QUESTÃO 5
ACREDITA NA SÍNTESE DAS ARTES NA ARQUITETURA? COMO SE REALIZARIA?

Gregori Warchavchik:

Desde o Partenon, indicou-se sempre, nos bons exemplos, o local onde deve ser colocada a pintura ou a escultura. É certo que Fídias obedecia ao arquiteto. Com mais razão hoje, quando tantas implicações se prendem à construção, deveríamos esperar que pintores e escultores obedecessem ao comando do arquiteto. A síntese é difícil mas não impossível, e certas produções revolucionárias da arte de nosso tempo — um painel abstrato, um móbile de Calder — têm seu lugar, quando o determina uma boa visualização do arquiteto; mas, certamente, o mobiliário ainda está muito atrasado em relação à possibilidade da síntese das artes, e é no mobiliário que há um campo para a arquitetura. Em resumo, o mobiliário também é arquitetura, como o é todo o equipamento da casa. Ao iniciar meu trabalho de implantação da arquitetura viva no Brasil, de 1928 a 1932, eu desenhava os móveis e procedia a fiscalização de sua feitura, assim como de lampadários, caixinhos, etc.

Afonso Eduardo Reidy:

A síntese das artes na arquitetura é um ideal raramente alcançado. Muitas tentativas vem sendo feitas nesse sentido, mas o que se tem conseguido, na maior parte das vezes, é apenas uma boa vizinhança entre a pintura, escultura e a arquitetura, sem todavia realizar a sua perfeita integração. Essa síntese foi realizada no passado por Michelângelo, e no nossso tempo por Le Corbusier, para citar dois exemplos.

Sérgio W. Bernardes:

Acredito que a arquitetura seja a coordenadora de todas as artes. Penso que a arquitetura dê motivação a essas artes. Como diz Lúcio Costa, "em todo planejamento existe uma intenção plástica"; se planejarmos com a intenção de entrosar, coordenar com a pintura, escultura, música, assim como todas as manifestações do espírito humano, teremos um todo em perfeito equilíbrio e harmonia.

Lúcio Costa:

Acredito na sua eventual integração — o que é diferente.

Oscar Niemeyer:

É difícil se realizar a síntese das artes numa obra de arquitetura pela quase impossibilidade de encontrar artistas do mesmo nível, que saibam se entender e completar, que possam — seria o ideal — iniciar os trabalhos juntos, desde os primeiros croquis, cada um consciente de sua tarefa. Isso não exige apenas capacidade técnica e talento, mas, também, temperamentos que se harmonizem nas dificuldades inevitáveis durante a execução da obra.

Sílvio de Vasconcelos:

A síntese das artes na arquitetura é uma linda proposição, mas ainda não suficientemente esclarecida. O que se pretende é realmente uma síntese ou uma simples concomitância? Cuida-se de um objetivo estético ou de proporcionar trabalho aos artistas plásticos, como algumas leis já promulgadas (Bahia) consagraram? Na verdade, uma verdadeira síntese das artes, uma incorporação delas num só todo, sua interprenetração e coexistência indivisível, como talvez verificou-se na Grécia, parece ideal longínquo senão inviável. Jugular, por outro lado, as artes à decoração arquitetônica, seria abastardá-las. Melhor seria colocar o problema de outra maneira: como a difusão e valorização das artes plásticas, em conjunção com o desenvolvimento da arquitetura, de modo a que nessa última tenham elas lugar, mas sem pretensão de síntese, cuja complexidade ainda não se apresentou compreensível.

Marcello Accioly Fragelli:

Se as grandes arquiteturas do passado, tanto no Ocidente como no Oriente, integraram as artes como seus elementos constitutivos, temos de constatar que nem a escultura nem a pintura, em seus conceitos tradicionais, são elementos comuns à expressão formal da arquitetura contemporânea. Raras serão as obras de arte que exemplificarão para o futuro o funcionamento da pintura ou da escultura, tidas nestes conceitos como elemento característico da arquitetura de nossa época, como faz, por exemplo, toda a escultura medieval. O arquiteto gótico, que era um mestre talhador de pedra, formava com seus operários, artífices e artistas, uma equipe de mentalidade ingual e de semelhantes métodos de trabalho.

Elementos construtivos e artísticos não eram distintos, nem pela intenção criadora, nem pelos sistemas empregados em realizá-los. Os mesmos instrumentos e processos materiais cortavam as pedras destinadas a uma parede lisa, uma abóbada, um capitel ou às estátuas de uma portada. Nas outras épocas da história, também foi a manufatura o processo de realização comum à arquitetura e às demais artes.

A revolução industrial quebrou esta unidade original, assumindo a máquina, na arquitetura, não a feitura de seus elementos, como, cada vez mais amplamente, a própria aplicação dos mesmos na obra, enquanto que as artes puras continuaram sendo realizadas através do processo manual, do controle direto e íntimo, pelo artista, de cada detalhe. Os novos métodos industriais, o avanço e a crescente complexidade da técnica, vieram separar as atividades de projetar e de construir, resultando o aparecimento de um novo conceito de construtor, que deixava de ser o realizador de sua criação para se tornar o que, especializados nos métodos técnicos, dirige a execução de um projeto feito pelo arquiteto e sua equipe. Estes, por sua vez levados pelos mesmos motivos, afastaram-se do canteiro da obra, onde só comparecem para acompanhar, fiscalizar e prestar assistência, perdendo assim o contato íntimo diário com a mão-de-obra, agora dirigida técnica e industrialmente pelo construtor.

Os artífices já não encontrariam na nova organização da obra, onde ademais os elementos já chegam fabricados e apenas são assentes, as antigas condiçoes de trabalho artístico e mesmo a resultante deste trabalho podia facilmente afastar-se da intenção plástica do arquiteto, devido não só à ausência do contato diário entre eles, como à separação definida entre as fases de projeto e de execução. A linguagem entre o arquiteto e seus intérpretes ficou confiada aos desenhos do projeto, o qual, com suas novas implicações técnicas, também foi afastado do canteiro da obra, onde antes era elaborado e aperfeiçoado até o fim da construção, para os escritórios, de onde saem praticamente completos, antes de iniciadas as obras. Esses fatores, que decorrem basicamente da diferença nascida entre os métodos de produção de arquitetura e das demais artes, não importam na incompatibilidade de associação das mesmas, porém neles vejo a quebra do elo original que naturalmente as unia e integrava.

Se a arquitetura é reflexo da época e de seus métodos, não seria espantoso que, na época da máquina e da produção em série, as artes essencialmente manufaturadas deixassem de ser os elementos essenciais de sua linguagem. Esta constatação, talvez não conscientemente feita pelos primeiros arquitetos de nossa época, não determinou uma intenção deliberada de alijamento, em sua linguagem formal, das artes puras. Mas acredito que, integrados no espírito da era industrial, sentindo as dificuldades que os novos métodos traziam ao emprego de artes plásticas como material controlado de expressão, e reagindo ao decorativismo inexpressivo dos excessos reinantes no século passado e no princípio deste, os arquitetos, que primeiro interpretaram a expressão da arquitetura contemporânea, foram levados a despojá-la do que fosse superficial e dispensável, buscando a arte na própria arquitetura, na essência de seus elementos construtivos de vedação, de abertura, de cobertura, de sustentação. Proporcionando-os, formando-os e escolhendo-lhes as cores e texturas, trabalhavam-os plasticamente, dentro de suas funções específicas, e davam-lhes vida através de sua própria força lógica de constituição e de funcionamento.

O aparecimento do não-figurativismo, o escândalo do suprematismo, a libertação, nas artes plásticas, dos materiais tradicionais, deixando indefinidas até as fronteiras entre a pintura e a escultura, muito contribuíram para a ampliação do conceito de obra de arte e consequentemente possibilitaram a consideração da validade plástica autônoma de elementos construtivos, agora emancipados das limitações estilísticas e que antes só seriam apreciados como compontentes de toda uma solução plástica arquitetônica. Esta tendência a procurar a realização das artes na própria essência dos elementos construtivos pode significar uma colocação subconsciente do problema em novos termos, encarando-se assim a própria arquitetura como arte-síntese e disponsando-se então as demais artes autônomas, já divorciadas dos modernos métodos de produção, de seu tradicional papel de material de construção.

Mesmo a arte expressa através de elementos padronizados, impressos, estampadados ou prensados em materiais fabricados, que por seu caráter industrial poderia significar o acompanhamento das artes à evolução do progresso técnicos, ainda não teve emprego bastante amplo para ser encarada como elemento caracteíristico da linguagem arquitetônica atual.

Muitos críticos e teóricos de arte têm considerado como sendo um defeito da arquitetura contemporânea o alijamento, dentre os seus elementos constitutivos, das demais artes plásticas. Se isso for defeito que prejudique o valor da arquitetura, nela não devem ser procurados as causas, mas sim nas condições do atual estágio de nossa civilização. A arquitetura válida, aquela que fica como expressão da sua época, é resultante e não procurada ou dirigida.

Se for considerado como síntese das artes na arquitetura o emprego de trabalhos de pintores e escultores como elementos essenciais de sua linguagem, não a reconheço como sendo característica de nossa época e nem creio que haja métodos a indicar para que venha a sê-lo. Se vier, não o será como fruto de esquemas e de planos, mas sim quando as condições gerais, culturais, econômicas e industriais o resultarem.

cadernos
ultramares

www.ingramcontent.com/pod-product-compliance
Lightning Source LLC
LaVergne TN
LVHW051105180726
843512LV00020B/1599